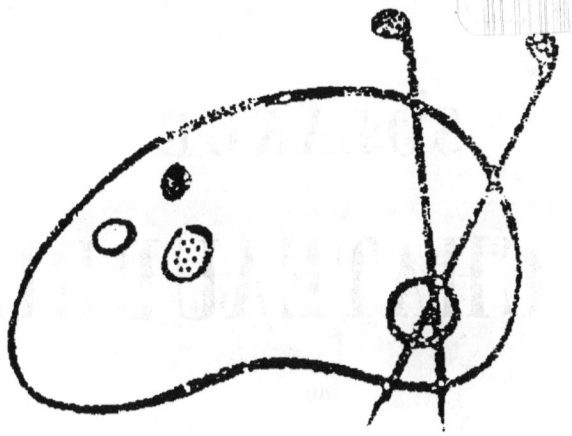

Début d'une série de documents
en couleur

SOLANGE
DE CHATEAUBRUN

OU

LE COMMENCEMENT DU CALVINISME EN FRANCE

PAR

THÉOPHILE MÉNARD

TOURS

ALFRED MAME ET FILS

ÉDITEURS

BIBLIOTHÈQUE DE LA JEUNESSE CHRÉTIENNE

FORMAT IN-8° — 2ᵉ SÉRIE

ACTES DES MARTYRS D'ORIENT (les), par M. l'abbé Lagrange.
AFRIQUE INCONNUE (l'), par M. Gilbert, professeur à l'université de Louvain.
ALDA, l'ESCLAVE BRETONNE, traduit de l'anglais par Mme L. de Montanclos.
AMIE DES JEUNES PERSONNES (l'), par Mlle Anaïs Martin.
AMIS DES OUVRIERS (les), par l'auteur de la Vie du B. Pierre Fourrier.
ANNETTE, ou l'Influence de la piété filiale, par Mme Marie de Bray.
APÔTRES DE CHARITE (les), par A. M.
ARABELLA, ou Trente ans de l'histoire d'Angleterre, par Henri Guenot.
AUSTRALIE (l'), par ***.
BONHEUR DANS LE DEVOIR (le), par Mme L. Boteldieu-d'Auvigny.
BOURDALOUE, esquisse biographique et morceaux choisis, par A. Laurent.
CANADA (le), par le comte de Lambel.
CHRISTIANISME EN ACTION (le), choix de nouvelles, par Eugène de Margerie.
CHRONIQUES DU MONT SAINT-BERNARD, par M. Le Gallais.
CHRONIQUES ET LÉGENDES MÉROVINGIENNES, par le Vicomte de Lastic-Saint-Jal.
CLÉMENCE DE LISVILLE, par Mme de Montanclos, auteur de Camille, etc.
COMTESSE DE GLOSWOOD (la), par Mlle Lecier.
CONQUÊTES EN ASIE par les Mogols et les Tartares, par M. de Chavannes.
DERNIER DES STUARTS (le), par J.-J.-E. Roy.
DEUX BEAUX-FRÈRES (les), ou Faute et dévouement, par Mme Marie de Bray.
DEUX FAMILLES (les), par Mme la comtesse de Bassanville.
ÉCOLE DE LA PIÉTÉ FILIALE (l'), par A. Vallos.
ÉLISA SCHUMLER, ou la Juive convertie, par Stéphanie Ory.
ÉMILE ARTHENAI, par C. Guenot.
ENFANTS BRAVES (les), par M. Charles Jobey.
ÉTATS-UNIS D'AMÉRIQUE (histoire des), par Théophile Menard.
FEU DU CIEL (le), histoire de l'Électricité, par Arthur Mangin.
FRANÇAIS EN ÉGYPTE (les), par J.-J.-E. Roy.
FRANÇAIS EN ESPAGNE (les), par J.-J.-E. Roy.
FRANÇAIS EN RUSSIE (les), par J.-J.-E. Roy.
GUILLAUME LE CONQUÉRANT, par M. Todière.
HISTOIRE ABRÉGÉE DES MISSIONS CATHOLIQUES dans les diverses parties du monde, par J.-J.-E. Roy.
HISTOIRE DE LA SAVOIE ET DU PIÉMONT, par M. Le Gallais.

HISTOIRE DU SIÈGE ET DE LA PRISE DE SÉBASTOPOL, par J.-J.-E. Roy.
IMPRESSIONS D'UN PÈLERIN DE TERRE-SAINTE, par M. l'abbé Bec.
JEAN RACINE (hist. de), par J.-J.-E. Roy.
JEUNES CONVERTIS (les), ou Mémoires des trois sœurs Barlow, traduit de l'anglais.
JUANNA, par Stéphanie Ory.
LÉGENDES BOURGUIGNONNES.
LOUISE MURAY, ou l'Apôtre de la famille, par A. Desves.
LUCIE, Épisode de l'histoire de Syracuse, par René du Mesnil de Maricourt.
MARCUS PLAUTIUS, ou les Chrétiens sous Néron, par C. Guenot.
MARIE-ANTOINETTE (histoire de), reine de France, par J.-J.-E. Roy.
MARIE DE BOURGOGNE, par Mlle A. Gerbier.
MARIE ET MARGUERITE, par F. Villars.
MARIE-THÉRÈSE D'AUTRICHE (histoire de), par J.-J.-E. Roy.
MASSILLON, esquisse biographique, suivie de morceaux choisis, par A. Laurent.
MÉMOIRES D'UN CENTENAIRE, par Alexandre de Saillet.
MERVEILLES DE L'INDUSTRIE, par Arthur Mangin.
Mlles DE CLAIRVAL, nouvelle, par J. Sauzay.
MES VOYAGES AVEC LE DOCTEUR PHILIPS DANS LES RÉPUBLIQUES DE LA PLATA, par Armand de B***.
MON ONCLE ANDRÉ, ou Vanité des richesses, par Théophile Menard.
MORALE PRATIQUE, par M. G. de Gerando.
MORE DE GRENADE (le), par Henri Guenot.
PLANTEUR DE JAVA (le), par Henri Guenot.
RÉCITS D'UN ALSACIEN, par Charles Dubois.
RÉFLEXIONS MORALES ET HISTORIQUES.
REINE-MARGUERITE, ou une Famille chrétienne, par Mlle A. Desves.
RÉVOLUTION DE 1688 EN ANGLETERRE (histoire de la), par Théophile Menard.
ROBINSONS FRANÇAIS (les), ou la Nouvelle-Calédonie, par J. Morient.
ROME SOUS NÉRON, Études historiques.
SOIRÉES ALGÉRIENNES, par M. l'abbé Léon Godard.
SOIRÉES EN FAMILLE, par A. M.
SOLANGE DE CHATEAUBRUN, par Théophile Menard.
SOUVENIRS ET EXEMPLES, par Mgr Chalandon, archevêque d'Aix.
STÉPHANIE VALDOR, par Mme la Cesse de la Rochère.
TANCRÈDE, prince de Tibériade, par C. Guenot.
TEBSIMA, ou l'Exilé du désert, Récit historique et légendaire, par M. l'abbé E. B***.
THÉODORE ET LOUIS, ou le Remplaçant et le Remplacé, par Théophile Menard.
TROIS MÈRES (les), ou Faiblesse, ambition et sagesse, par Mme Aricie Sauquet.
VRAI PATRIOTISME (le), par le P. Chauveau.

Tours. — Impr. Mame.

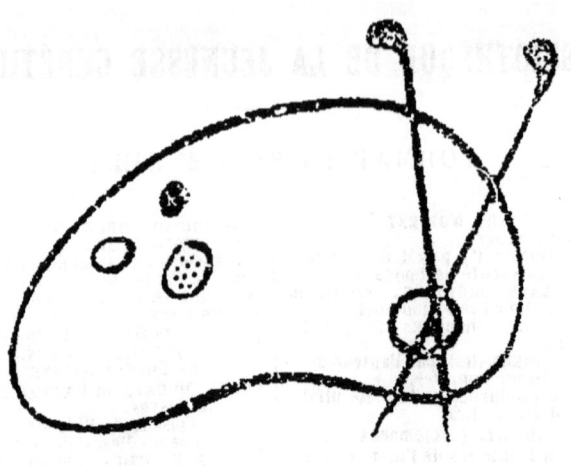

Fin d'une série de documents
en couleur

BIBLIOTHÈQUE

DE LA

JEUNESSE CHRÉTIENNE

APPROUVÉE

PAR Mgr L'ARCHEVÊQUE DE TOURS

—

2ᵉ SÉRIE IN-8°

PROPRIÉTÉ DES ÉDITEURS

Solange, à genoux, priait avec ferveur; la baronne, en proie à sa douleur, faisait tous ses efforts pour la contenir.

SOLANGE
DE CHATEAUBRUN

OU

LE COMMENCEMENT DU CALVINISME EN FRANCE

PAR

THÉOPHILE MÉNARD

—

SEPTIÈME ÉDITION

TOURS

ALFRED MAME ET FILS, ÉDITEURS

—

1880

SOLANGE
DE CHATEAUBRUN

CHAPITRE I

Le manoir et la famille de Chateaubrun.

Dans cette partie de la vallée du Cher où les trois anciennes provinces de l'Orléanais, de la Touraine et du Berri réunissaient leurs limites, s'élevait, il y a trois siècles, un antique manoir féodal comme il en existait un si grand nombre en France pendant le moyen âge. Celui dont nous parlons, célèbre dans toute la contrée sous le nom de Chateaubrun, dressait son vieux donjon et ses murailles crénelées, flanquées aux quatre angles de tours rondes à toit pointu, sur un tertre situé sur la rive droite du Cher. Ce tertre, attenant du côté du nord aux coteaux voisins, faisait saillie comme un promontoire dans la vallée qu'il dominait au loin. Cette position avait été heureusement choisie pour y établir une forteresse, car elle était d'un abord difficile de trois côtés, et la seule partie qui fût accessible était défendue par des fossés profonds, de hautes et épaisses murailles percées de meurtrières et garnies de mâchicoulis. Ces fortifications, malgré leur solidité et leur savante combinaison, eussent été impuissantes contre l'artillerie, d'autant plus que la position de Chateaubrun était dominée par des plateaux voisins; mais cette *invention de l'enfer,* comme l'appelaient les chevaliers de cette époque, n'était pas encore venue changer de fond en comble l'art de défendre et d'attaquer les places quand on avait construit Chateaubrun.

De temps immémorial ce manoir servait de résidence ordinaire à la noble famille des seigneurs de Chateaubrun, branche cadette des Montmorency, dont les armoiries figuraient en partie dans leur écusson. En effet, les Chateaubrun portaient, comme les Montmorency, *d'or à la croix de gueules,* mais sans les *alérions* qui distinguaient ces derniers; en outre la croix des Chateaubrun était surchargée de *cinq coquilles d'argent,* et ils avaient conservé la devise Ἀπλάνως, qui signifie *sans errer* ou *sans dévier de la route*. Mais à l'époque où se passe l'histoire que nous allons raconter, les sires de Chateaubrun étaient bien déchus de leur antique splendeur. Autrefois leur maison possédait plusieurs seigneuries et d'immenses domaines en Berri, dans l'Orléanais et en Touraine, et l'on eût dit qu'ils avaient établi leur résidence précisément au point de jonction de ces trois provinces afin de mieux surveiller les possessions qu'ils avaient sur chacune d'elles; mais cette surveillance était impuissante à détourner les causes qui devaient entraîner la perte d'une grande partie de leurs domaines.

Noblesse oblige, et surtout quand cette noblesse sent couler dans ses veines du sang d'un Montmorency; c'est assez dire que, depuis les croisades jusqu'aux guerres étrangères et civiles qui signalèrent le règne si orageux des Valois, les Chateaubrun furent toujours aux premiers rangs des défenseurs de la religion, du trône et de la patrie. Mais la gloire coûte cher, surtout quand il faut faire la guerre à ses dépens, ainsi que cela se pratiquait dans ces temps-là. Souvent, à la suite d'une expédition longue et périlleuse où ils s'étaient distingués par leurs prouesses, les seigneurs de Chateaubrun se voyaient forcés de vendre ou d'engager un de leurs domaines pour payer les frais de la campagne ou pour être en état d'en recommencer une nouvelle. Et c'était bien pis encore si le sort des armes leur avait été contraire, comme à la bataille de Poitiers, où un Chateaubrun fut fait prisonnier avec le roi Jean, puis fut contraint de vendre une seigneurie tout entière et une vaste forêt près de Loches pour le payement de sa rançon.

Il est vrai que ces pertes étaient de temps en temps compensées par de riches alliances, et que plus d'une fois un mariage avec une opulente et noble héritière vint réparer les brèches occasionnées à leur fortune par les malheurs de la guerre. C'est ainsi qu'un Guillaume de Chateaubrun, dont la fortune avait été fort endommagée pendant les guerres contre les Anglais sous le règne de Charles VII, avait épousé, grâce à l'intervention de ce prince, l'unique héritière des ducs de la Roche-Aiguë, une des plus riches familles du Berri; mais son fils Thibaut, compromis sous Louis XI dans la ligue du *Bien public,* avait vu une partie de ses biens confisqués, trop heureux encore de soustraire sa tête à la vengeance de l'implacable monarque. Il était, il est vrai, rentré en faveur à la cour sous le règne de Charles VIII, qu'il suivit dans son expédition d'Italie. Il se distingua d'une manière si brillante sous les yeux de ce prince à la bataille de Fornoue, que Charles VIII, à son retour en France, lui rendit une partie des biens confisqués par le roi son père, et y ajouta en pur don la seigneurie de Montrichard, pour le dédommager de ce qu'il ne pouvait lui rendre le tout. Si Charles VIII eût vécu longtemps, nul doute que Thibaut ne fût parvenu aux plus grands honneurs; mais la mort prématurée de ce prince lui fit quitter la cour, craignant la vengeance de son successeur, dont il avait été un des plus rudes adversaires pendant la régence d'Anne de Beaujeu. Il n'eût pas éprouvé cette crainte s'il eût mieux connu Louis XII, qui ne pensait pas, comme il le déclara en montant sur le trône, qu'il fût de la dignité d'un roi de France de venger les injures d'un duc d'Orléans.

Du reste, Thibaut commençait à se faire vieux, et il souffrait d'une blessure qu'il avait reçue en Italie. Il jugea donc prudent de se retirer dans son manoir de Chateaubrun pour achever paisiblement ses jours, en donnant ses soins à l'éducation de son fils Henri, alors âgé de quinze ans. Ce jeune homme était d'une faible complexion, qui semblait devoir le rendre impropre au service des armes, la seule profession pourtant qui convînt à un gentilhomme de son nom et de sa race. Cependant le séjour de la campagne, un exercice modéré et les soins dont l'entourait la sollicitude paternelle fortifièrent son tempérament, au point qu'à l'âge de vingt ans son père le jugea en état de faire ses premières armes. Rassuré sur les intentions de Louis XII à son égard, Thibaut présenta son fils à ce monarque, en lui disant que, son âge et ses infirmités ne lui permettant plus de servir dans ses armées, il lui présentait son fils pour le remplacer. Louis fit au père et au fils un accueil gracieux, et bientôt Henri accompagna le roi dans l'expédition contre les Génois révoltés, en 1505.

Au retour de cette courte campagne, Henri épousa Odette de Charost, de la famille des comtes de Mirebeau. Odette n'était pas riche, mais sa famille était très puissante à la cour, et cette alliance ne pouvait qu'être favorable à l'ambition des Chateaubrun. Cette jeune personne était très aimée de la princesse Marguerite de Valois, sœur du duc d'Angoulême, depuis François Ier. Un an après son mariage, Odette donna le jour à une fille, dont la princesse Marguerite voulut bien être la marraine, et qu'elle promit de doter un jour.

Malgré cette puissante protection et ces promesses brillantes, le vieux Thibaut de Chateaubrun eût préféré que sa bru lui eût donné un petit-fils, dans lequel il aurait vu revivre sa race. Ce vœu du vieillard fut exaucé; au commencement de l'année 1509 naquit cet héritier si désiré de l'antique maison des Chateaubrun. Quand on présenta le nouveau-né à son aïeul, les yeux du vieillard se remplirent de larmes, et il récita avec l'accent de la plus vive reconnaissance envers Dieu le cantique de Siméon : *Nunc dimittis servum tuum, Domine;* et, comme si, en effet, il n'eût attendu que cette faveur du Ciel pour quitter la terre, quelques jours après il tomba gravement malade, et s'endormit paisiblement dans le Seigneur. Hélas! sa fin n'eût pas été si paisible s'il eût prévu que cet enfant si désiré serait le dernier rejeton de sa race, et qu'il devait pendant une grande partie de sa vie s'écarter de cette ligne droite dans laquelle sa famille, fidèle à sa devise, se faisait honneur de marcher.

À la sollicitation de sa sœur Marguerite, à qui il ne savait rien refuser, le duc d'Angoulême voulut bien donner son nom au fils de Henri de Chateaubrun et d'Odette de Charost. Le nouveau-né reçut donc au baptême le nom de François, qui selon toute probabilité devait être tôt ou tard celui du roi de France ; car Louis XII n'avait point d'enfant mâle, et le duc d'Angoulême était l'héritier présomptif de la couronne.

Le plus brillant avenir pour lui-même et pour sa postérité s'ouvrait donc pour Henri de Chateaubrun, et les succès qu'il obtint dans la campagne de 1509 parurent encore devoir augmenter ses espérances. Il avait suivi Louis XII en Italie, et à la bataille d'Agnadel il se comporta si bien, que le maréchal de Trivulce le signala au roi comme un des plus braves chevaliers de l'armée. Le roi en récompense lui donna le titre de comte, et le nomma capitaine d'une compagnie d'hommes d'armes. Le nouveau comte de Chateaubrun ne revint pas en France avec le roi. Il resta avec l'armée française en Italie, et prit part à toutes les affaires importantes qui se passèrent pendant les années 1511 et 1512, jusqu'à la funeste bataille de Ravenne. On sait que cette bataille avait été gagnée par les Français sous les ordres du duc de Nemours ; mais la mort imprévue du jeune et brave général leur avait arraché le fruit de la victoire, et les avait forcés d'abandonner le Milanais.

Peu de temps après le retour du comte de Chateaubrun en France, le roi Louis XII mourut. L'élévation au trône du duc d'Angoulême sous le nom de François Ier semblait promettre à Henri de Chateaubrun un protecteur plus zélé encore pour ses intérêts que ne l'avait été son prédécesseur. Cependant en plusieurs circonstances il eut ou crut avoir à se plaindre du roi. Ses plaintes étaient-elles fondées? Nous ne prendrons pas sur nous de le décider. La reconnaissance n'est pas toujours, il est vrai, une vertu royale; mais les exigences des courtisans sont parfois d'une exagération bien outrée.

Le comte de Chateaubrun servit François Ier avec autant de zèle et de courage qu'il en avait déployé au service de Louis XII. Il combattit vaillamment à la sanglante bataille de Marignan, que Trivulce appelait un combat de géants; et dix ans après il fut fait prisonnier à Pavie avec François Ier, comme deux siècles auparavant un de ses ancêtres avait été fait prisonnier à la bataille de Poitiers avec le roi Jean. Pour plus grande ressemblance avec son aïeul, la captivité du comte de Chateaubrun lui coûta une partie de sa fortune, et quand il voulut réclamer quelque indemnité à la cour, on lui répondit que le trésor du roi était épuisé et pouvait à peine suffire à payer la rançon royale.

Il aurait pu espérer une réponse plus favorable si Marguerite de Valois, duchesse d'Alençon, eût été auprès de son frère. Depuis le nouveau règne, depuis que François Ier avait attiré à la cour les femmes de la haute noblesse, la comtesse de Chateaubrun était venue rejoindre Marguerite, qui lui avait toujours conservé son affection. Mais après la mort du duc d'Alençon, arrivée peu de temps après la bataille de Pavie, sa veuve avait épousé Henri d'Albret, roi de Navarre, et elle avait suivi son nouvel époux à Nérac, où il tenait sa cour. La comtesse de Chateaubrun n'avait pu l'accompagner, malgré le désir qu'elles en avaient l'une et l'autre, à cause de l'absence du comte, qui n'était pas revenu d'Espagne. Seulement la reine de Navarre emmena avec elle sa filleule Marguerite de Chateaubrun, en faisant promettre à la mère de venir rejoindre sa fille aussitôt qu'elle le pourrait.

Après le départ de la reine Marguerite, la comtesse de Chateaubrun cessa de fréquenter la cour, parce qu'elle était loin de trouver dans la duchesse d'Angoulême, régente du royaume, la même affection que dans la reine sa fille. Elle avait été desservie auprès de cette princesse par des ennemies cachées, qu'elle ne soupçonnait pas, et qu'elle croyait ses meilleures amies : cette perfidie est assez ordinaire dans le monde, et surtout à la cour.

C'est sur ces entrefaites qu'arriva le comte Henri de Chateaubrun, et qu'on fit à ses réclamations la réponse dont nous avons parlé.

Bientôt à ce sujet de mécontentement vint s'en joindre un autre beaucoup plus grave. Le comte ne s'était jamais occupé de ses domaines que pour en toucher les revenus, que son intendant lui envoyait plus ou moins régulièrement. Au lieu de résider habituellement à Chateaubrun, comme l'avaient toujours fait ses ancêtres, il n'y faisait que de rares apparitions, et seulement aux époques de la chasse, pour se livrer à cet exercice dans les vastes forêts des environs, avec une foule de gentilshommes ses amis ou ses voisins. Il passait le reste de son temps, quand il n'était pas à l'armée, à suivre la cour, soit à Fontainebleau, soit à Chambord et dans les autres résidences royales, menant le train d'un grand seigneur, jouant gros jeu et ne calculant jamais ses dépenses.

Lorsqu'à son retour d'Espagne il voulut reprendre son genre de vie, son intendant lui fit observer qu'il était à bout de ressources, que plusieurs de ses domaines étaient engagés pour répondre des dettes contractées pendant sa captivité, et que ses revenus suffisaient à peine désormais à payer les intérêts de ces dettes; qu'il n'avait d'autre moyen, pour se tirer d'embarras, que de vendre sa forêt de Montrichard, le seul de ses biens qui ne fût pas hypothéqué, et qu'il n'attendait que son autorisation pour opérer cette vente.

Peut-être si Henri de Chateaubrun eût examiné de près les comptes de son intendant, il aurait découvert que sa situation était moins embarrassée que cet agent ne voulait le lui faire croire; peut-être aurait-il reconnu que la gestion de maître Jacquemin (c'était le nom de l'intendant) était loin d'être régulière et avantageuse aux intérêts de son seigneur, tandis qu'elle était très profitable aux siens, et que l'intendant s'enrichissait à mesure que le maître se ruinait. Mais le comte de Chateaubrun aurait cru au-dessous de sa dignité de descendre à ces détails, et, sans paraître mettre en doute la fidélité de maître Jacquemin, il lui envoya l'autorisation demandée, en le pressant de s'occuper activement de la vente projetée.

Un incident imprévu vint contrarier les projets du seigneur et de son intendant. Les bénédictins de l'abbaye de Pontlevoy prétendaient avoir des droits sur la forêt de Montrichard, et s'opposèrent à la vente. Un procès s'ensuivit, avec toutes les lenteurs et tous les embarras que les hommes de loi savent susciter pour entraver le cours de la justice.

Le comte était furieux; non pas qu'il doutât un instant de l'issue de son procès, mais de ce que des moines avaient eu l'audace d'entrer en lutte avec lui, et surtout de ce que cet événement occasionnait un retard dans la recette des sommes d'argent dont il avait un si pressant besoin. Du reste il ne s'informa pas un instant si sa cause était juste ou ne l'était pas. Que les réclamations des bénédictins de Pontlevoy fussent fondées ou non sur la justice et l'équité, peu lui importait. Son droit, à lui et selon lui, était dans son titre de grand seigneur et dans son crédit à la cour. Le chancelier Duprat, le premier président de Selve, pourraient-ils rien lui refuser? Pendant qu'il s'endormait dans cette trompeuse sécurité, son procès fut jugé et perdu en premier et en dernier ressort.

Cet événement inattendu frappa le comte d'un coup terrible. Il se déchaîna avec violence contre ce qu'il appelait l'injustice des magistrats, l'ingratitude de la cour, et surtout contre l'insatiable avidité des moines.

C'était l'époque où les doctrines de Luther, après avoir bouleversé toute l'Allemagne, trouvaient de l'écho en France. De grands seigneurs, des magistrats, des savants que François Ier avait attirés d'Italie en France, étaient imbus des nouvelles erreurs, et s'ils ne les professaient pas hautement, parce que le roi s'était déclaré formellement le défenseur de la religion catholique, ils ne se gênaient pas de les propager en secret et de se montrer en toute occasion partisans de la prétendue réforme religieuse; ils déclamaient sans cesse contre le pape, contre les cardinaux, les évêques, les prêtres et les moines.

Le comte de Chateaubrun, qui penchait depuis longtemps vers ces opinions, s'y livra sans réserve après la perte de son procès. Il en voulut surtout aux moines, et aspirait après le moment où, comme on venait de le faire en Allemagne, on chasserait, disait-il, ces fainéants de leurs couvents, et où les seigneurs reprendraient les biens que ceux-ci avaient usurpés sur eux. On voit que, dans son arrière-pensée, il songeait à en appeler au luthéranisme de l'arrêt rendu contre lui par le parlement de Paris.

Ces idées occupèrent désormais tout son esprit. Il embrassa la nouvelle religion non par conviction, non parce qu'il la croyait meilleure que la religion de ses pères, mais parce qu'elle lui offrait un moyen de se venger. Il s'attacha à inspirer à son fils les mêmes sentiments, afin que si le temps lui manquait pour l'accomplissement de ses projets, un autre lui-même se chargeât de le remplacer. Il ne trouva que trop de facilité à faire partager ses idées au jeune François de Chateaubrun. Comme ce personnage tient une place notable dans cette histoire, il mérite l'honneur d'un chapitre à part.

CHAPITRE II

François de Chateaubrun.

Nous avons dit dans le chapitre précédent que François de Chateaubrun était né en 1509; il avait donc une vingtaine d'années à l'époque où se passaient les derniers événements racontés dans ce chapitre.

Son éducation, sous le rapport de l'instruction, avait été beaucoup moins négligée que celle de la plupart des jeunes seigneurs de ce temps-là. A l'âge de quinze ans, il était entré comme page au service de la princesse Marguerite. On sait que la sœur de François Ier était passionnée pour les sciences et les lettres; comme son frère, elle aimait et protégeait les savants, et elle voulait que tout son entourage partageât son goût pour l'étude. Ses pages, ses demoiselles d'honneur recevaient les leçons des meilleurs maîtres; souvent la princesse se faisait rendre compte de leurs progrès, et accordait des récompenses à ceux qui s'étaient distingués.

François de Chateaubrun fit des progrès rapides à une telle école. En peu d'années il apprit à parler les principales langues vivantes de l'Europe, et de plus le latin, le grec, et même un peu d'hébreu. Mais parmi ses professeurs, quelques-uns avaient accueilli avec faveur l'hérésie de Luther, et ils ne craignaient pas d'en distiller le poison à leurs élèves au sein même de la cour du roi très chrétien. Il est vrai que le roi l'ignorait, et qu'il laissait à sa sœur le soin de gouverner sa maison comme elle l'entendait ; mais malheureusement Marguerite elle-même s'était laissé entraîner dans la voie de l'erreur. Elle ne se prononçait pas encore ouvertement contre l'Église catholique, mais elle faisait chorus avec ceux qui, sous prétexte d'attaquer certains abus, sapaient audacieusement les bases de notre foi.

Quand Marguerite, devenue reine de Navarre, quitta la cour de France pour se rendre à celle de Nérac, François de Chateaubrun n'accompagna point sa maîtresse. Il resta à Paris avec sa mère, en attendant le retour de son père. Pendant tout ce temps-là, tout en se livrant aux exercices qui faisaient partie de l'éducation d'un gentilhomme, il suivait les cours de l'université comme un simple écolier.

Parmi les étudiants qui fréquentaient les mêmes cours, François remarqua un jeune homme de son âge qui lui parut fort instruit, et avec qui il se lia assez étroitement, malgré la différence de leurs conditions ; car, loin d'appartenir à la haute noblesse, son nouvel ami n'était pas même gentilhomme, mais fils d'un simple artisan de Noyon. Il se nommait Jean Cauvin ; ses parents l'avaient destiné de bonne heure à l'état ecclésiastique, et avaient dirigé ses études vers ce but. A Paris, Jean Cauvin avait fait connaissance avec plusieurs personnes de qui il reçut les premières semences de la doctrine de Luther, qui commençait à se répandre en

France. Détourné par là de la vocation à laquelle il avait paru jusqu'alors attaché, il avait abandonné la théologie pour aller suivre à Orléans et ensuite à Bourges des cours de droit. Il avait fait de grands progrès dans cette science, et avait étudié en même temps le grec sous un professeur nommé Melchior Volmar, qui avait fortifié son penchant pour les nouveautés.

Alors, se croyant appelé à prêcher ce qu'il appelait la réforme, il avait quitté Bourges et était retourné à Paris pour travailler à cette œuvre, à laquelle il avait résolu de consacrer sa vie. Son premier soin fut de chercher des âmes qui lui ressemblassent, faciles aux séductions, amoureuses de changements, et disposées à se laisser enivrer de ce vin des nouveautés, si doux aux lèvres, si funeste aux cerveaux. Elles venaient se prendre une à une à ses filets, et c'est ainsi que François de Chateaubrun se laissa capter par les paroles du soi-disant apôtre. Il prêchait aux jeunes gens le mépris de la confession, l'inutilité des œuvres, le danger des pèlerinages. Il livrait à ses moqueries les moines, les couvents, les prêtres catholiques. Il déclamait contre le luxe des évêques, les richesses des églises, l'ignorance du sacerdoce. Il prêchait contre le faste des successeurs de Léon X, les profusions des indulgences, les redevances de la cour de France envers la papauté. Il annonçait une parole qui devait, selon lui, changer le monde, moraliser la société, détruire la superstition et faire luire la lumière. Sa doctrine, plus hardie, plus radicalement subversive encore que celle de Luther, prenait pour base de sa croyance l'inspiration intérieure; il établissait la justification de l'homme exclusivement sur les mérites de Jésus-Christ, sans que les œuvres y eussent aucune part;

il rejetait la pénitence, la confession, le purgatoire, le culte des images, la messe; enfin il ne conservait que deux sacrements, le baptême et la scène; encore ce dernier sacrement ne ressemblait en rien à l'eucharistiie, puisqu'il rejetait la transsubstantiation.

Telle est succinctement l'analyse de la nouvelle doctrine prêchée par Jean Cauvin, ou plutôt par Calvin, pour lui donner le nom qu'il prit alors en latinisant le sien (*Calvinus*), et sous lequel il est devenu malheureusement trop célèbre. On l'écoutait, et ses succès étaient plus grands qu'il ne l'avait espéré. Il comptait au nombre de ses disciples une foule d'hommes de la plus haute noblesse et de la magistrature, puis des savants, des hommes d'étude et d'intelligence, et quelques poètes, entre autres Clément Marot.

On reste confondu d'étonnement en voyant des hommes appartenant aux plus hautes classes de la société adopter si aveuglément des principes dont ils auraient dû prévoir les circonstances inévitables, fatales. En effet, le génie des novateurs du xvie siècle était moins réformateur que révolutionnaire, moins religieux que social; leur doctrine était en définitive l'insurrection de l'esprit humain contre tout principe d'autorité, soit temporelle, soit spirituelle. A défaut du plus simple raisonnement qui aurait dû leur faire prévoir ces résultats, les faits étaient là pour les éclairer. En Allemagne, où depuis quinze ans à peine s'étaient fait entendre les premières prédications de Luther, ses disciples avaient entraîné la réforme bien au delà de la volonté du maître. Déjà plusieurs d'entre eux étaient en contradiction avec lui, et, trouvant sa doctrine encore trop rapprochée du catholicisme, ils l'appelaient l'allié du pape. Muncer, l'un d'eux, poussant le principe luthérien jusqu'aux dernières conséquences, avait appelé le peuple à l'égalité absolue de l'Évangile, abolissant toute distinction de rang, de naissance, de fortune, déclarant le travail obligatoire pour tous, et ameutant les paysans de la Thuringe, du Palatinat, de la Souabe, de l'Alsace, contre les princes, les prêtres, les nobles et les magistrats. Les princes de Saxe, de Hesse et de Brunswick avaient été obligés de rassembler une armée et de livrer bataille aux bandes désordonnées de Muncer, qui pillaient, brûlaient, massacraient tout ce qui appartenait à la noblesse et même à la haute bourgeoisie. Leurs troupes, mises en pleine déroute, avaient passé le Rhin, et leurs débris, traqués en tous lieux, avaient pénétré en Champagne, où Claude, duc de Guise, avait achevé de les détruire.

Ces faits s'étaient passés, il y avait cinq ans à peine, sur les frontières de France, et même dans une de ses provinces; et cependant des nobles, des seigneurs de la cour accueillaient avec faveur une doctrine plus pernicieuse encore que celle de Luther, et dont les conséquences, tôt ou tard, devaient être aussi funestes. C'est par un aveuglement semblable qu'on a vu, deux siècles plus tard, la haute société française embrasser avec ardeur les principes des philosophes du xviiie siècle, descendants directs des novateurs du xvie, et que le déisme et l'athéisme, publiquement professés, ont amené cette épouvantable tempête révolutionnaire qui devait engloutir le trône et l'autel, la noblesse et la monarchie. Mais laissons ces réflexions, qui nous mèneraient trop loin, et revenons à notre récit.

On voit par ce que nous venons de dire que le jeune François de Chateaubrun était parfaitement disposé à entrer dans les idées de son père, et à partager sa haine contre les moines en général, et contre les bénédictins de Pontlevoy en particulier. Mais, pour satisfaire cette haine, il fallait avant tout propager activement les nouvelles doctrines, et travailler avec ardeur au renversement de l'Église catholique.

Il y avait alors à Paris un riche marchand nommé de la Forge; c'était un luthérien ardent, dont la boutique servait la nuit de lieu de réunion à Calvin et à ses partisans. François de Chateaubrun était un des plus assidus auditeurs de son ami Jean; il y conduisait souvent de jeunes seigneurs de son âge, et il y mena quelquefois le comte son père. Mais le vieux gentilhomme ne goûtait guère toutes les subtilités théologiques du jeune orateur, et ne comprenait rien à ses raisonnements; aussi, après s'être amusé quelquefois de ses déclamations contre le clergé catholique, il s'endormait aux démonstrations de sa doctrine. Les jeunes gens, au contraire, sortaient de là enthousiasmés, et souvent comme saisis d'un esprit de vertige. Plusieurs fois, à la suite de ces réunions, ils se portèrent à des actes de sacrilège et de profanation contre des objets du culte public et de la vénération des fidèles. C'est ainsi que dans la nuit du dimanche de la Pentecôte ils abattirent la tête d'une statue de la sainte Vierge placée dans le mur d'une maison au quartier du faubourg Saint-Antoine; ils rompirent de même la tête de la statue de l'enfant Jésus, et ils donnèrent quelques coups de poignard à ces saintes images. Quelques jours après, une autre image de la sainte Vierge, près de la rue Saint-Martin, fut encore insultée et défigurée avec quelques autres représentations de saints.

Le bruit de ces attentats mit toute la ville en rumeur;

car le peuple était loin de partager les idées nouvelles, et il voyait avec horreur tout ce qui tendait à changer le culte de ses pères. Le roi s'en émut également, et ordonna une enquête sévère pour rechercher les coupables; il promit même mille écus à qui découvrirait les auteurs du crime; mais les recherches furent inutiles; seulement, pour réparer le scandale, on fit des processions auxquelles le roi et la cour assistèrent.

La voix publique, qui se trompe rarement, accusait bien de ces sacrilèges les luthériens (car on ne désignait encore que sous ce nom les nouveaux hérétiques, qui furent appelés plus tard protestants, huguenots et calvinistes). Déjà la Sorbonne avait condamné plusieurs de leurs écrits, et le parlement avait sévi contre leurs auteurs en leur appliquant les lois existantes contre l'hérésie, c'est-à-dire la peine de mort. Leurs partisans crièrent au martyre, et n'en continuèrent pas moins, mais avec plus de prudence, leur funeste propagande.

L'audace croissante des hérétiques détermina le parlement à redoubler de zèle dans la recherche des fauteurs et propagateurs des fausses doctrines, qui commençaient à se répandre d'une manière effrayante.

François de Chateaubrun, qui avait pris part avec ses camarades au sacrilège de la rue Saint-Antoine et de la rue Saint-Martin, se tint quelque temps à l'écart, de peur d'éveiller les soupçons. Son ami Calvin, qui n'était pas très hardi de son naturel, se tint aussi caché chez son oncle Richard Cauvin, serrurier, près de l'église Saint-Germain-l'Auxerrois. Richard était un bon catholique, qui faisait l'édification de sa paroisse par son assiduité aux offices et la pratique régulière de tous ses devoirs religieux. Il ne soupçonnait pas son neveu d'être imbu des idées nouvelles; sans cela il ne lui eût pas donné asile dans sa maison. Il crut qu'il s'agissait d'une de ces querelles si fréquentes entre les écoliers, et il n'hésita pas à le recevoir jusqu'à ce que l'affaire qui l'avait forcé de quitter le collège de Fortet, où il logeait habituellement, fût apaisée.

Calvin, ne pouvant plus continuer directement ses prédications, s'en dédommageait en écrivant des traités qu'il envoyait à ses amis, et que ceux-ci recopiaient et colportaient entre eux. Ce fut alors qu'il commença avec François de Chateaubrun une correspondance qui devait se continuer pendant une grande partie de leur vie. Il composa aussi à cette époque une harangue que son ami Nicolas Cop, recteur de l'université de Paris, ne craignit pas de prononcer publiquement à la Toussaint de l'année 1533, quoique d'un bout à l'autre cette harangue fût pleine de la doctrine des nouveaux réformateurs.

Nicolas Cop, traduit pour ce fait au parlement de Paris, n'osa s'y présenter, et s'enfuit à Bâle, d'où il était originaire. L'enquête dirigée contre Cop fit connaître le véritable auteur de la harangue, et Calvin se trouva bientôt enveloppé dans les mêmes recherches. On alla au collège de Fortet pour le saisir; il l'avait quitté depuis quelque temps, comme nous venons de le dire. On se transporta ensuite chez son oncle Richard; la veille au soir il avait quitté cette maison.

Calvin, dès qu'il avait appris les poursuites du parlement, avait bien pensé que la maison de son oncle ne lui offrirait pas un asile assez sûr. Il s'était rendu aussitôt auprès de son ami François de Chateaubrun, pour se concerter avec lui sur le moyen d'échapper aux gens du parlement. Le résultat de leur délibération fut qu'il fallait le plus tôt possible quitter Paris et même le royaume de France. Il fut convenu que Calvin se rendrait d'abord à Chateaubrun, avec quelques fermiers et vignerons du comte qui étaient venus à Paris lui amener du blé et du vin provenant de ses terres; qu'il voyagerait dans le même costume que ces paysans, et qu'il séjournerait au château jusqu'à ce que François allât lui donner des nouvelles, et lui indiquer une nouvelle retraite, si cela était nécessaire.

Quinze jours après, le comte et son fils se rendirent à Chateaubrun, comme ils en avaient l'habitude à l'époque des chasses. Ils trouvèrent Calvin qui les attendait avec impatience, le séjour de ce pays ne lui paraissant pas sûr. Le comte de Chateaubrun lui remit une lettre de du Tillet, greffier en chef du parlement de Paris, qui le recommandait d'une manière toute particulière à son frère Louis du Tillet, chanoine d'Angoulême.

« Allez dans cette ville, lui dit François, vous y serez parfaitement tranquille, et au printemps prochain j'irai vous y prendre pour vous conduire auprès de la reine de Navarre, où vous trouverez asile et protection. »

Calvin partit pour la Saintonge, et passa tranquillement quatre à cinq mois à Angoulême, continuant paisiblement ses études, prêchant même quelquefois sa nouvelle doctrine dans les environs, et cela sous la protection d'un chanoine de la cathédrale et d'un greffier en chef du parlement de Paris.

Au mois de mai suivant, François de Chateaubrun passa par Angoulême pour se rendre à Nérac, ainsi qu'il l'avait annoncé. La comtesse de Chateaubrun devait être du voyage; mais sa santé languissante depuis quelque temps ne lui eût pas permis d'en supporter les fatigues ; elle regrettait d'autant plus ce contre-temps, qu'au désir de revoir la reine, son ancienne amie, se joignait le désir bien plus vif encore et bien plus naturel d'embrasser sa fille, qu'elle n'avait pas vue depuis plus de cinq ans, et d'assister à son mariage, qui allait se célébrer avec un gentilhomme de la cour du roi de Navarre. Le comte n'avait pas non plus voulu quitter sa femme, et François était chargé de représenter ses parents au mariage de sa sœur.

Comme il le lui avait promis, François emmena avec lui Calvin, qu'il présenta à la reine Marguerite. Celle-ci fit à son ancien page et à son protégé l'accueil le plus gracieux.

Quelques jours après l'arrivée de François à Nérac, Marguerite de Chateaubrun épousa le baron de Froissac, gentilhomme béarnais d'une ancienne famille. Inutile de dire que les nouveaux époux étaient partisans de la religion prétendue réformée. Tout ce qui composait la cour de Navarre était, à l'exemple de la reine, attaché à cette religion, et l'arrivée de Chateaubrun et de Calvin ne fit que les confirmer dans leurs erreurs. Calvin avait enfin trouvé un théâtre où il pouvait donner librement l'essor à sa parole, sans craindre les contradicteurs ni les persécuteurs.

François de Chateaubrun ne séjourna que deux mois à Nérac. Un message de son père qui lui annonçait la mort de la comtesse sa mère le rappela à Paris. Peu de temps après son retour, il perdit aussi son père, dont les chagrins de tout genre et la douleur d'avoir perdu sa femme avancèrent la mort.

François, devenu comte de Chateaubrun, se mit en

possession de l'héritage assez embarrassé de son père. Après de longs débats pour liquider cette succession, il finit par en sacrifier une grande partie pour sauver le reste. Plus clairvoyant que son père, il reconnut facilement que l'intendant maître Jacquemin était un fripon qui depuis bien des années s'était enrichi aux dépens de la famille. Il reconnut aussi que cet homme avait été cause du procès soutenu contre l'abbaye de Pontlevoy, procès dans lequel tous les torts étaient évidemment du côté des Chateaubrun, et qu'ainsi le parlement en les condamnant n'avait fait que rendre bonne justice; mais cette découverte ne diminua en rien sa haine contre les bénédictins de Pontlevoy, qu'il regardait, ainsi que tous les autres couvents, comme les détenteurs injustes de biens qui devaient appartenir à la noblesse.

Le nouveau comte de Chateaubrun passa plusieurs années dans son manoir pour remettre un peu d'ordre dans ses finances, en supprimant les dépenses que lui auraient occasionnées son séjour de la cour. Pendant ce temps-là il continuait ses relations avec Calvin, qui de la cour de Nérac s'était retiré à Genève, où il avait fait adopter ses erreurs, et dont il gouvernait la petite république avec un despotisme absolu.

En 1538, François de Chateaubrun épousa Solange de Mirebeau, sa parente éloignée du côté de sa mère. Ce parti lui offrait de nombreux avantages, car il resserrait son alliance avec la famille de sa mère, qui était riche et puissante; de plus, Solange apportait à son époux une riche dot qui devait relever sa fortune, si fort ébréchée dans ces derniers temps. Solange était en outre remarquable par sa beauté, et son âme, ornée de précieuses qualités, était encore plus belle que son corps. Elle était catholique et zélée, quoique plusieurs membres de sa famille eussent, comme son mari, embrassé le parti de la prétendue réforme. Le comte François n'ignorait pas cette circonstance quand il l'avait épousée; mais il espérait facilement la convertir à ses idées, ne croyant pas qu'une femme ignorante et faible pût résister aux arguments irrésistibles d'un savant comme lui, d'un des premiers disciples et de l'ami particulier du chef de l'Église protestante. Il fut complétement trompé dans ses calculs sous ce rapport. Solange se montra toujours femme dévouée, douce, prévenante pour son mari; mais elle resta inébranlable dans sa foi. Quand son mari la pressait trop vivement au sujet du changement de religion, elle lui fermait la bouche par cet argument sans réplique : « J'ai fait serment d'être fidèle à ma religion, comme plus tard j'ai fait serment d'être fidèle à mon époux. Si jamais je devenais parjure envers mon Dieu, quelle garantie auriez-vous que je ne deviendrais pas aussi parjure envers vous? »

De guerre lasse, le comte, qui aimait sa femme, la laissa se conduire à sa guise, se promettant bien du reste de se dédommager de son obstination en élevant ses enfants dans ce qu'il appelait les vrais principes évangéliques. Mais les événements ou plutôt la Providence déjoua ses calculs. De trois enfants qu'il eut dans les premières années de son mariage, les deux premiers, qui étaient des garçons, moururent en bas âge, et avant d'avoir pu perdre la grâce du baptême catholique qu'ils avaient reçu par les soins de leur mère; le troisième était une fille nommée Solange, comme sa mère; c'est l'héroïne de cette histoire, et nous verrons en la lisant comment elle sut conserver sa foi au milieu des piéges que lui tendait l'hérésie, et comment elle obtint, à force de persévérance et de courage, le plus beau triomphe qu'elle pût désirer.

Nous allons maintenant faire franchir à nos lecteurs un espace de seize à dix-huit ans. Une lettre écrite par le comte François de Chateaubrun à sa sœur, la baronne de Froissac, nous instruira des principaux événements accomplis dans cet intervalle, et dont la connaissance est nécessaire à l'intelligence de cette histoire.

CHAPITRE III

Lettre du comte François de Chateaubrun à sa sœur Marguerite,
baronne de Froissac.

De Paris, ce 25 mars 1567.

« Madame ma très-chère sœur,

« J'ai reçu avec bien du plaisir de vos nouvelles par
« votre fils, le jeune baron de Froissac, mon neveu. Je
« l'ai présenté à M. l'amiral de Coligny, notre cousin,
« qui lui a fait l'accueil le plus gracieux. — Il est bon,
« a-t-il dit, que les gentilshommes de la religion se
« connaissent entre eux et s'exercent au métier des
« armes, afin que, si un jour ils sont forcés de tirer
« l'épée pour la défense de notre foi, ils sachent sur qui
« compter.
« J'ai placé votre fils comme volontaire dans ma com-
« pagnie, en attendant que je puisse lui procurer un
« emploi convenable à sa naissance et à ses capacités;

« car j'ai reconnu en lui un brave et digne jeune homme
« qui, je l'espère, ne déshonorera pas le sang qui coule
« dans ses veines. Vous pouvez être assurée que je veil-
« lerai sur lui comme sur mon propre fils, et qu'en
« toute occasion je lui tiendrai lieu du père qu'il a
« perdu. Je désire que ces paroles, qui sont l'expression
« sincère de mes sentiments, rassurent et consolent
« votre cœur maternel.

« J'ai dû vous parler d'abord de votre fils, parce que
« ce sujet devait vous intéresser avant tout; il me reste
« à vous entretenir de choses de la plus haute impor-
« tance pour vous et pour moi. Je le ferai un peu
« longuement, parce que la matière dont je vais
« traiter exige de longs détails, et que je ne trouverai
« peut-être pas de sitôt une occasion aussi sûre que
« celle-ci pour m'entretenir confidentiellement avec
« vous et vous ouvrir mon âme tout entière. Prêtez-
« moi donc toute votre attention; car il s'agit non-
« seulement de vous et de moi, mais de l'avenir de nos
« enfants, c'est-à-dire de ce que nous avons de plus cher
« au monde.

« Je dois en premier lieu vous donner des nou-
« velles de l'état de la religion, non-seulement parce
« que vous m'en demandez par votre lettre que m'a
« remise votre fils, mais parce que ce sujet m'amènera
« naturellement à l'objet principal que je veux traiter
« avec vous.

« Notre religion a fait depuis quelques années des
« progrès très-remarquables, malgré les rigueurs dé-
« ployées contre elle par le roi actuel, Henri II. Il y
« a douze à quinze ans, nous n'étions qu'un petit
« nombre, dispersés sur la surface du royaume, sans

« liens entre nous, presque sans moyens de communi-
« cation. Aujourd'hui nous formons une vaste confédé-
« ration, correspondant avec nos frères de Suisse et
« d'Allemagne; de là vient que nous avons pris généra-
« lement le nom de *huguenots* (1), qui signifie *confé-
« dérés*. Malgré les défenses royales, nos prêches se
« tiennent publiquement, et nous faisons dans Paris
« des processions de plusieurs milliers de personnes
« chantant les psaumes traduits en vers français par
« Marot. Autrefois on n'osait s'avouer partisan de
« la doctrine de Calvin; aujourd'hui les hommes les
« plus distingués par leur naissance et leurs talents
« sont ouvertement nos chefs; nous comptons parmi
« eux deux princes du sang, Antoine de Bourbon, le
« mari de notre jeune reine Jeanne d'Albret, et son
« frère le prince de Condé, puis nos cousins, les trois
« frères Châtillon (2). Enfin, d'après un aperçu que
« j'ai tout lieu de croire exact, la moitié de la noblesse
« française, et un tiers de la magistrature et de la
« haute bourgeoisie, sont avec nous. Nous ne comptons
« pas encore, il est vrai, beaucoup de partisans dans
« la petite bourgeoisie et dans ce qu'on appelle le
« peuple, soit des campagnes, soit des villes; mais que
« nous importe cette masse ignorante de croquants et
« de manants? Quand nous comptons pour nous ce
« qu'on peut à bon droit appeler la tête et l'élite de la
« nation, nous n'avons pas à nous occuper du reste; il
« suivra toujours, comme un troupeau suit ses chefs.

(1) Du mot allemand *eignossen*, confédérés, par lequel on distinguait à Genève les premiers partisans de la prétendue réforme.
(2) C'était l'amiral de Coligny, Dandelot, colonel-général de l'infanterie, et le cardinal de Châtillon.

« D'ailleurs je ne suis pas fâché que la classe plébéienne
« ne reçoive pas trop tôt la nouvelle lumière. Cette
« classe est trop grossière pour en soutenir l'éclat; elle
« pourrait en être éblouie, comme l'ont été il y a quel-
« que vingt-cinq ans les paysans de la Thuringe et de
« la Souabe, et renouveler parmi nous les scènes de
« jacquerie des anabaptistes de Munster. Quand nous
« aurons réussi dans nos projets, quand nous aurons
« assis en France l'Église évangélique sur des bases
« solides, il sera temps de songer à la faire pénétrer
« plus avant dans le peuple; ce sera alors chose facile
« et sans danger.

« Mais, me direz-vous, comment espérer le triomphe
« de l'Église évangélique, quand elle ne rencontre dans
« le gouvernement qu'opposition opiniâtre et qu'odieuse
« persécution? A cela je vous répondrai d'abord que la
« primitive Église a bien triomphé malgré les édits et
« les persécutions des empereurs païens; j'ajouterai en-
« suite que notre situation est bien plus favorable que
« celle des premiers chrétiens. Nos rois ne sont pas aussi
« ennemis de notre religion qu'on voudrait bien le faire
« croire : et la preuve, c'est que le feu roi François Ier,
« et son fils Henri II, notre souverain actuel, ont si-
« gné plusieurs fois des traités d'alliance avec les pro-
« testants d'Allemagne, il est vrai que la même main
« signait en même temps des édits de persécution
« contre les protestants français; mais l'explication de
« cette conduite, en apparence si contradictoire, est
« toute politique. Henri II, comme son père, ne hait
« nullement notre religion; ni l'un ni l'autre n'au-
« raient peut-être eu de répugnance à l'embrasser; mais
« ce qu'ils ont craint tous les deux, c'est qu'un chan-

« gement dans la religion n'amenât un changement dans
« l'État.

« Nos rois commencent à comprendre, un peu tard
« peut-être, qu'ils ont usurpé sur la noblesse le pouvoir
« absolu qu'ils exercent aujourd'hui.

« Autrefois, sous les premiers Capétiens, les rois
« n'étaient que les premiers entre les feudataires du
« royaume; nous en étions les véritables souverains,
« chacun dans nos fiefs particuliers.

« L'usurpation, commencée sous les derniers Capé-
« tiens, n'a fait qu'aller en augmentant sous le règne
« des Valois; et surtout depuis Louis XI, d'odieuse mé-
« moire, chaque jour la couronne royale a empiété sur
« nos droits.

« Serait-ce donc une chose si déraisonnable, si in-
« juste, que de vouloir rétablir le royaume de France
« dans son état primitif?

« Pour moi, je crois que cela serait aussi juste, aussi
« raisonnable que de vouloir, comme nous le désirons
« tous en ce moment, rétablir la primitive Église dans
« toute sa pureté.

« Nous voulons détruire le pouvoir tyrannique et
« usurpé du pape sur l'Église : pourquoi ne pas détruire
« en même temps le pouvoir tyrannique et usurpé du
« roi sur l'État?

« Ces idées, qui au premier coup d'œil peuvent
« paraître téméraires, ont cependant entre elles une
« corrélation nécessaire, l'une étant la conséquence de
« l'autre.

« Mais, pour obtenir ce résultat, beaucoup de gens
« timides craignent des bouleversements ou une guerre
« civile. Cela pourrait arriver, en effet, si les choses se

« faisaient brusquement et sans préparation. Tous nos
« efforts tendront à éviter les collisions sanglantes, et
« ce ne sera qu'à la dernière extrémité, et si nos per-
« sécuteurs nous y forcent, que nous tirerons l'épée.
« Dieu merci, nous n'en sommes pas là, et j'espère que
« nous parviendrons à nos fins sans avoir besoin de re-
« courir à ces moyens extrêmes.

« Que faut-il pour que nous réussissions sans se-
« cousse violente ? Il faut que le nombre de nos frères
« en religion s'accroisse de jour en jour, et qu'il se
« multiplie à un tel point, qu'un moment arrive où
« toutes les hautes positions dans l'armée, dans la ma-
« gistrature et même à la cour, se trouvent en leur pou-
« voir; il faut qu'un jour, en s'éveillant, Henri de
« Valois ne voie autour de lui que des protestants.
« Alors qu'arrivera-t-il? De deux choses l'une : ou le
« roi consentira lui-même à embrasser la nouvelle reli-
« gion et à s'en déclarer le chef en France, comme l'a
« fait Henri VIII en Angleterre, ou bien il persistera
« dans son aveuglement papiste; dans ce dernier cas,
« les grands du royaume le déposeront, comme autre-
« fois ils ont déposé Louis V pour élire Hugues Capet,
« et ils choisiront son successeur soit parmi ses enfants,
« qu'il sera facile d'élever dans la religion, soit parmi
« les princes du sang royal qui déjà appartiennent à
« cette religion. Il est aisé de comprendre que cette dé-
« position et cette élection se feraient sans bouleverse-
« ment, puisque ces deux actes auraient l'assentiment
« de l'immense majorité de la noblesse, de la magistra-
« ture et de l'armée.

« L'un et l'autre résultat sera le même pour nous,
« c'est-à-dire d'avoir un roi notre coreligionnaire, dont

« nous pourrons restreindre le pouvoir au simple droit
« de suzeraineté, qui lui appartenait jadis, tandis que
« nous rentrerons sans difficulté dans les droits souve-
« rains qui nous appartiennent légitimement. Il est vrai
« que ces droits de la noblesse seraient aujourd'hui fort
« restreints; car elle est ruinée, et par les guerres sou-
« tenues pour satisfaire l'ambition ou le caprice de ses
« rois, et par les dépenses qu'elle a été forcée de faire à
« la cour depuis qu'ils l'ont obligée d'y paraître. Mais il
« y aura un moyen simple de rendre à la noblesse son
« éclat et de la relever de sa ruine : ce sera de partager
« entre elle les biens immenses possédés par le clergé,
« tant séculier que régulier. Ce ne sera pas une spolia-
« tion; car ces biens se trouveront vacants par suite de
« l'abolition de tous les couvents, abbayes et monas-
« tères, et par la suppression des évêchés, archevêchés
« et canonicats. Et comme ces biens proviennent pour
« la plupart de dons faits par nos ancêtres au préjudice
« de leurs descendants, leur partage entre nous ne sera
« qu'une juste restitution. Quant aux curés et vicaires,
« s'il en reste, ils recevront un traitement semblable à
« celui de nos ministres protestants, pour tout le temps
« où il restera des catholiques en France, ce qui proba-
« blement ne sera pas long (1).

« Ces projets, comme vous le pensez bien, ma sœur,
« ne sont pas connus du vulgaire; ils n'ont jamais été
« écrits, et ils n'existent que dans la tête d'un petit

---

(1) Il ne faut pas croire que les idées et les projets du comte de Chateaubrun soient ici une pure invention; on peut, en consultant les
mémoires contemporains et les meilleurs historiens qui ont écrit sur les
guerres de religion en France, s'assurer que c'étaient là les idées et
les projets d'une partie de la noblesse calviniste.

« nombre de chefs, qui les communiquent avec précau-
« tion et discernement aux adeptes dont ils sont sûrs.
« Pour moi, je ne crains pas de vous les dévoiler, parce
« que je connais votre discrétion, et que, comme je
« vous l'ai dit en commençant, je voulais ici vous mon-
« trer mon âme tout entière.

« Quand viendra le moment de les mettre à exécu-
« tion? c'est ce que j'ignore. Un plan de cette nature
« doit, pour réussir, être mûri par le temps et la ré-
« flexion. Il est vrai qu'un événement inattendu peut
« hâter cette maturité, comme des obstacles imprévus
« peuvent la retarder. En attendant, il faut se tenir
« prêt et travailler avec ardeur au succès de notre
« cause.

« C'est à ce travail que depuis douze ans je consacre
« ma vie avec une constance et un zèle qui m'ont valu
« de grands éloges de la part de nos chefs. Vous savez
« que j'avais résolu, après mon mariage, de rester
« dans mes terres, afin de réparer par mes économies
« ma fortune délabrée. Ma femme, simple dans ses
« goûts, me secondait merveilleusement. Loin de dé-
« sirer, comme tant d'autres, de paraître à la cour,
« elle n'aimait que le séjour de Chateaubrun, et ne trou-
« vait de bonheur que dans les soins qu'elle donnait à
« ses enfants. Elle n'avait d'autres distractions que
« quelques promenades au bord du Cher, et de temps
« en temps des visites aux pauvres et aux malades du
« village, auxquels elle distribuait elle-même, ou fai-
« sait distribuer de nombreuses aumônes. Elle n'avait
« qu'un défaut, c'était d'être une catholique opiniâtre,
« et toutes mes tentatives pour la convertir ont été en
« pure perte.

« A cette contrariété près, j'étais parfaitement heu-
« reux avec elle, lorsque après six ans de mariage je
« perdis presque coup sur coup les deux fils issus de
« notre union. Cette perte nous causa à l'un et à l'autre
« une affliction profonde. Ma femme la première sur-
« monta sa douleur, soit, comme elle me le disait, qu'elle
« trouvât dans sa religion des motifs de consola-
« tion ou de résignation que je ne trouvais pas dans la
« mienne, soit que son chagrin fût en partie absorbé
« par les soins qu'elle donnait à sa fille, seule enfant
« qui lui restât et sur laquelle elle semblait concentrer
« toute sa tendresse. Pour moi, dans les commence-
« ments, la vue de cette enfant me faisait mal, et je
« me surpris plus d'une fois murmurant tout bas ce
« regret impie : Ah! si elle était morte à la place d'un
« de ses frères! Car, je l'avoue, ce qui me rendait
« surtout inconsolable, c'était de penser que je ne
« laisserais point d'héritiers de mon nom, et que le
« vieux manoir des Chateaubrun passerait un jour dans
« une famille étrangère. Ma femme devina ma pensée;
« elle m'en fit des reproches avec tant de douceur, que
« je finis par en rougir et regarder ma fille avec plus
« de tendresse que je ne l'avais fait jusque-là. Plus
« tard, j'ai reporté sur elle toute mon affection, et au-
« jourd'hui je doute si j'aimerais plus un fils que ma
« chère Solange, qui me rappelle le nom et les traits de
« sa mère.

« Cependant, depuis la mort de mes fils, le séjour de
« Chateaubrun m'était devenu insupportable. Je son-
« geai, et ma femme même m'y engagea, à voyager
« pour me distraire. Je vins à Paris; j'y retrouvais mes
« anciennes connaissances et j'en fis de nouvelles. C'était

« l'époque où le roi venait de s'allier avec les protestants
« d'Allemagne pour faire la guerre à l'Empereur : il
« avait même pris à sa solde un nombre considérable
« de mercenaires de cette nation, tous luthériens. Ces
« troupes étaient commandées en chef par des officiers
« français, tous ou presque tous protestants. Coligny,
« qui était à la tête d'un de ces corps, m'offrit le com-
« mandement d'une de ses compagnies, en me disant
« alors ce qu'il a répété hier à votre fils, que les gen-
« tilshommes de la religion devaient chercher à se con-
« naître entre eux et à s'exercer au métier des armes,
« car le moment pourrait venir où ils en auraient be-
« soin pour la défense de leur cause.

« Dès lors j'ai pris part à toutes les guerres qui ont
« eu lieu depuis la fin du règne de François Ier jusqu'à
« présent. Je n'ai fait que de rares apparitions à Cha-
« teaubrun, et je n'y suis pas retourné depuis la mort
« de ma femme, arrivée il y a quatre ans. Quelque
« temps auparavant, elle avait placé sa fille comme
« pensionnaire au couvent de Beaumont-lez-Tours, dont
« une de ses cousines est abbesse. Vous pensez bien
« qu'elle ne m'avait pas consulté pour prendre cette
« détermination, que je n'ai connue qu'en apprenant
« sa mort.

« J'ai été d'abord vivement contrarié en apprenant
« que ma fille était dans un couvent, craignant que
« cela ne dérangeât les vues que j'ai sur elle. Mais
« en y réfléchissant, j'ai pensé que provisoirement
« tout était pour le mieux, ne pouvant me charger
« moi-même de cette enfant, et n'ayant personne à qui
« je pusse la confier. D'ailleurs elle est si jeune, que
« les béguines n'auront pas eu le temps de l'en-

« doctriner, et qu'il sera toujours facile de débarrasser
« sa petite tête des idées dont on l'aura farcie ; mais
« le temps est venu de la retirer de cette prison mo-
« nacale, si l'on ne veut pas qu'elle reste encroûtée
« des superstitions papistes. Je vais vous faire part de
« mes projets sur elle, et j'espère que vous les approu-
« verez.

« Je vous ai parlé tout à l'heure de mes espérances
« pour la restauration du pouvoir féodal de la noblesse.
« Une belle position m'est réservée si notre plan réussit ;
« mais à quoi me servirait le succès de mes rêves d'am-
« bition si je ne pouvais transmettre à des héritiers de
« mon nom et de mon sang l'illustration de mes aïeux
« augmentée de mon illustration personnelle ? Cette idée
« m'a souvent préoccupé, et aurait jeté le décourage-
« ment dans mon âme si je n'avais pensé à une combi-
« naison qui peut tout à la fois satisfaire et ma tendresse
« paternelle et ma sollicitude pour la conservation de
« mon nom et de ma race.

« Cette combinaison, que j'avais d'abord admise
« comme une chose possible, mais encore douteuse, me
« paraît, maintenant que je connais Gaston de Froissac,
« votre fils, on ne peut plus facile à réaliser. Car (déjà
« peut-être votre cœur de mère l'a pressenti) c'était
« à lui que je pensais en formant les projets dont je
« viens de vous parler ; c'était sur lui que j'avais jeté les
« yeux pour en faire l'époux de ma fille ; seulement je
« ne savais pas encore si je trouverais en lui un jeune
« homme tel que je le désirais, propre à remplir mes
« intentions et à entrer dans mes vues. Maintenant que
« je l'ai vu, que je l'ai étudié, que nous nous sommes
« expliqués ensemble à cœur ouvert, il ne me reste plus

« de doute ; votre fils me convient sous tous les rapports,
« et je serai heureux de le voir épouser ma fille, mon
« unique héritière. Par ce mariage, ma fortune, que
« j'ai passablement accrue par mes économies, ne sor-
« tirait pas de la famille ; ajoutez-y encore la dot de
« ma femme, qui appartient à ma fille, et dont elle aura
« la jouissance le jour de son mariage. Tous ces avan-
« tages font de ma fille un assez brillant parti, et je
« crois que Gaston, malgré les belles qualités que je
« me plais à lui reconnaître, mais en raison de son peu
« de fortune, ne pourrait guère trouver mieux. J'ai
« mis encore à ce projet d'union une condition que
« Gaston n'a fait nulle difficulté d'accepter, et qui,
« je l'espère, vous conviendra également : c'est que
« Gaston, en épousant sa cousine, prendra le nom de
« **Froissac-Chateaubrun** ; et après ma mort, en héri-
« tant de mes titres, il prendra le nom de comte de
« **Chateaubrun-Froissac**, ou même de **Chateaubrun** tout
« court.

« Voilà le grand projet que j'ai médité pour nos en-
« fants ; mais, pour qu'il s'accomplisse, il faut qu'il ait
« votre approbation, et qu'ensuite vous m'aidiez de
« tous vos efforts à l'exécuter. Voici ce que j'attends de
« vous.

« Ma fille n'a guère que treize ans, et ce n'est que
« dans trois ou quatre ans au plus tôt que j'entends
« la marier ; mais je ne veux pas la laisser plus long-
« temps au couvent, par les raisons que je vous ai
« déduites plus haut. Je ne puis non plus m'en char-
« ger, étant continuellement en campagne par monts
« et par vaux. J'ai donc songé à la confier à une per-
« sonne d'un âge mûr, discrète, attachée à la religion

« évangélique, assez instruite dans cette religion pour
« détruire dans cette enfant les impressions contraires
« qu'elle aurait pu recevoir, mais en employant, pour
« la ramener, la douceur et non les menaces ; à une
« personne qui lui fasse connaître les usages du monde
« et de la cour, et qui, si les circonstances l'exigent,
« puisse l'y présenter ; enfin qui soit pour elle en toute
« occasion une seconde, une véritable mère. Or la per-
« sonne qui réunit toutes ces qualités, en qui j'ai la
« plus entière confiance, à qui je veux donner à garder
« tout ce que j'ai de plus cher au monde, c'est vous,
« ma sœur.

« J'espère que ma proposition ne vous déplaira pas
« et qu'aucun obstacle ne vous empêchera de l'accepter.
« Rien maintenant ne peut vous retenir à Nérac ; depuis
« plusieurs années vous avez perdu votre mari ; la reine
« Marguerite, votre protectrice, est morte il y a huit
« ans ; votre fils est loin de vous, et vous aurez plus
« souvent occasion de le voir en venant dans ce pays
« qu'en restant en Béarn. Vous m'avez plusieurs fois
« témoigné le désir de revoir votre pays natal, le vieux
« manoir de vos ancêtres ; vous trouverez difficilement
« une occasion plus favorable.

« Vous me direz peut-être que c'est une grande res-
« ponsabilité que vous assumeriez en vous chargeant de
« ma fille ; cela serait vrai si c'était une étrangère qui
« vous fût confiée ; et moi-même, si je n'avais pas eu
« sur cette enfant et sur votre fils les intentions que vous
« savez, je n'aurais pas songé à vous demander un
« pareil service, j'aurais craint de blesser votre juste
« fierté en vous offrant de venir exercer en quelque sorte
« les fonctions d'une gouvernante, quoique vous fus-

« siez ma sœur et qu'il s'agit de votre propre nièce.
« Mais aujourd'hui ce sont des fonctions bien plus im-
« portantes et bien plus dignes que j'entends vous con-
« férer : c'est le rôle d'une mère, d'une mère véritable
« que vous aurez à remplir. Songez qu'il ne s'agit pas
« ici de donner des soins à votre nièce, mais à votre
« propre fille, à l'épouse de votre fils. Vous ferez pour
« Solange ce que je fais pour Gaston; vous l'aimerez
« comme votre enfant, de même que j'aime mon neveu
« comme un fils.

« Faites-moi connaître vos intentions le plus tôt pos-
« sible; votre réponse ne devra porter que sur la der-
« nière partie de ma lettre, et me dire, 1° si vous ac-
« ceptez; 2° le jour de votre départ; 3° le jour de votre
« arrivée à Tours. Je me trouverai dans cette ville pour
« ce moment-là, et nous irons ensemble chercher ma
« fille à son couvent. Gaston m'accompagnera proba-
« blement; il se fait une grande fête d'embrasser sa
« mère et de faire connaissance avec sa cousine. Pour
« moi, je me promets aussi une grande joie de cette
« réunion, car il y a bien longtemps que je ne vous ai
« vue et que je n'ai embrassé ma fille.

« Adieu, ou plutôt au revoir.

« Votre frère,

« Le comte François de Chateaubrun. »

La baronne de Froissac fut enchantée de la proposition de son frère; de son côté elle avait aussi rêvé ce mariage; mais elle y prévoyait de grands obstacles, parce qu'elle connaissait l'orgueil de son frère, et elle ne pensait pas que jamais il songeât à donner sa fille, la noble héritière des Chateaubrun, au fils d'un cadet de Gascogne sans fortune et d'une petite naissance. Mais il était aussi fils d'une Chateaubrun, ce qui, aux yeux du comte, relevait la naissance de son neveu et le détermina à l'alliance projetée.

La baronne s'empressa d'écrire à son frère qu'elle acceptait sa proposition, qu'elle se mettrait en route vers le 20 avril, et qu'elle arriverait à Tours du 15 au 20 mai suivant.

CHAPITRE IV

L'abbesse de Beaumont-lez-Tours (1).

L'abbaye royale de Beaumont-lez-Tours était située à l'ouest de cette ville, à un kilomètre des faubourgs et non loin du parc du fameux château du Plessis, dont elle était séparée par un bras de rivière faisant communiquer

(1) L'abbaye de Beaumont-lez-Tours a été fondée vers le milieu du vɪᵉ siècle par Ingeltrude, veuve d'un prince de la famille royale, non pas d'abord à Beaumont, mais auprès de l'église Saint-Martin de Tours, et sous le nom de Notre-Dame de l'Écrignole. Plusieurs filles de qualité se rangèrent sous la discipline d'Ingeltrude, entre autres Berteflède, fille du roi Caribert, et sa propre fille, nommée Bertegonde, qui lui succéda.

Dans le ɪxᵉ siècle, ce monastère fut réduit en cendres par les Normands, en même temps que celui de Saint-Martin. Il se releva bientôt de ses ruines, et vers la fin de ce même siècle, Hervé de Buzançais, trésorier de Saint-Martin, homme aussi pieux qu'opulent, fit construire, pour les religieuses de Notre-Dame de l'Écrignole, des bâtiments plus vastes et plus commodes, dans la paroisse de Beaumont. Les religieuses y furent transférées en 1002, et leur monastère prit dès lors le nom d'abbaye royale de Beaumont, ainsi que cela est constaté par lettres patentes du roi Robert du 26 septembre 1007.

A partir de cette même année, les fastes de cette abbaye royale offrent trente-sept abbesses depuis Ersendis ou Théophanie, en 1007, jusqu'à Marie-Agnès de Viricu, dont les fonctions ont cessé avec l'able cher et la Loire. Les bâtiments du couvent, de forme irrégulière, étaient construits sur un tertre dominant la vaste plaine qui s'étend entre les deux rivières. Au couchant la vue rencontrait les tourelles crénelées du Plessis, sombre manoir de Louis XI, encore plein du souvenir de ce terrible monarque ; au levant, on découvrait les remparts de la ville, au-dessus desquels s'élevaient les clochers de ses nombreuses églises et de ses couvents, et l'on distinguait surtout les quatre tours de Saint-Martin et les deux clochers de Saint-Gatien, tout récemment achevés. Au nord, la vue était bornée par les riants coteaux de Saint-Cyr, qui bordent la Loire, et au midi par ceux de Joué et de Saint-Avertin, qui s'étendent le long du Cher.

Le couvent proprement dit avec ses dépendances occupait la faible partie d'un immense quadrilatère entouré de hautes murailles ; tout le surplus était cultivé en jardin, ou planté d'arbres d'agrément et de produit. Ce vaste enclos servait de promenade aux religieuses et

baye en 1790. Il y avait soixante religieuses. (CHALMEL, *Histoire de Touraine.*) Parmi ces abbesses, on distingue Mme de Vermandois, fille de Louis III, prince de Condé, et petite-fille du grand Condé, qui entra dans ce couvent en 1720, d'abord en qualité de simple religieuse, et qui y mourut en 1772. Son administration a été signalée par des travaux utiles non-seulement pour la communauté, mais encore pour ce pays ; car c'est à elle qu'on doit cette longue levée construite sur la rive droite du Cher, et qui est destinée à garantir cette fertile contrée des inondations de cette rivière.

Parmi les abbesses qui ont gouverné ce couvent vers le milieu du XVIe siècle, on chercherait en vain le nom de Mme Mirebeau, comme on chercherait en vain sur la carte le nom du château et du village de Chateaubrun. Ceci soit dit en passant pour épargner à nos lecteurs des investigations inutiles ; seulement nous leur ferons observer que si nos principaux personnages sont imaginaires, et si une partie de notre récit repose sur une fiction, le fond, les personnages et les épisodes historiques sont en tout point conformes à la vérité.

aux pensionnaires, et était interdit à toutes personnes étrangères au couvent. Celles-ci ne pouvaient entrer que dans l'église et dans une cour extérieure, où se trouvaient les bâtiments de l'aumônerie et de l'hôtellerie, l'un destiné au logement de l'aumônier, l'autre à recevoir les étrangers qui venaient visiter leurs parents, soit religieuses, soit pensionnaires, que, du reste, ils ne pouvaient voir et à qui ils ne pouvaient parler qu'à travers les grilles du parloir.

Les religieuses de Beaumont-lez-Tours appartenaient presque toutes à la noblesse; leurs abbesses étaient choisies parmi les premières familles de France, et même quelquefois dans la famille royale. Les pensionnaires étaient toutes, sans exception, de race noble. Leur éducation, à l'époque où se passe cette histoire, était loin de ressembler sans doute à celle qu'on donne dans les pensionnats et même dans les couvents de nos jours. La religion en était la base, et les pratiques de dévotion occupaient une partie de leurs journées. Le reste du temps était consacré à la lecture, à l'écriture et à des ouvrages de tapisserie. On leur enseignait aussi l'histoire sainte : mais l'histoire profane, la géographie, la grammaire, les arts d'agrément étaient complétement négligés.

Cependant l'abbesse qui était alors à la tête de la communauté avait depuis plusieurs années apporté quelques modifications au programme des études suivies jusque-là dans sa maison. Elle se nommait Mme de Mirebeau, et était cousine germaine, comme nous l'avons vu, de la comtesse de Chateaubrun. Elle avait compris que ses élèves, destinées pour la plupart à tenir un certain rang dans le monde, ne devaient pas rester complétement

étrangères au mouvement qui s'était opéré dans les
esprits depuis le règne de François I*er*; mais elle avait
senti aussi qu'elle ne devait les initier à ces nouvelles
études que dans une certaine mesure et avec une grande
réserve ; car elle avait remarqué que ce goût pour les
sciences et la littérature, qu'on a décoré du beau nom
de *renaissance,* avait perdu bien des hommes, et même
bon nombre de femmes qui avaient voulu toucher in-
considérément à cet arbre de la science. L'hérésie, qui
désolait en ce moment une partie de la chrétienté, et surtout la France, n'avait-elle pas été enfantée par l'orgueil
de ces prétendus savants? Certainement, se disait-elle
à elle-même, si ce devait être là le résultat des connaissances plus étendues que je me propose de donner à mes
enfants, mieux vaudrait qu'elles restassent plongées dans
l'ignorance. « Mais vous le savez, ô mon Dieu, ajoutait-
elle en s'agenouillant au pied de son crucifix, vous savez
que ce n'est point pour exciter leur orgueil, ce n'est
point pour les faire briller dans le monde par l'étalage
d'une science futile que je désire qu'elles sortent plus
instruites de cette maison; c'est, au contraire, afin
qu'elles puissent mieux éviter les piéges que leur ten-
dra l'impiété, qu'elles distinguent mieux l'erreur de la
vérité, et qu'au besoin elles soient en état de confondre
l'imposture de vos ennemis. L'ignorance, comme la
fausse science, est une cause d'erreur et de péché : inspi-
rez-moi, ô mon Dieu; apprenez-moi à dissiper dans mes
jeunes élèves les ténèbres de cette ignorance, et à les
éclairer du flambeau de cette science divine qui nous
montre le chemin de la vérité et de la vie. »

C'est après avoir ainsi longtemps médité, longtemps
prié, longtemps imploré les lumières de l'Esprit-Saint;

c'est enfin après avoir consulté son directeur et plusieurs autres pieux et savants ecclésiastiques, qu'elle composa un nouveau plan d'études pour sa maison. Quand elle l'eut rédigé, elle le soumit à l'approbation des supérieurs ecclésiastiques. Tous approuvèrent la pureté de ses intentions et firent l'éloge de son zèle, et après quelques légères modifications ils lui conseillèrent d'en faire l'essai.

Forte de cet assentiment, forte surtout de sa confiance en Dieu, qu'elle ne cessait d'invoquer, elle se mit aussitôt à l'œuvre.

Il fallut commencer par exposer son plan aux religieuses chargées spécialement de l'instruction et de l'éducation des pensionnaires. Ce n'était pas chose facile que de faire adopter une nouvelle méthode, de nouvelles idées à la plupart d'entre elles, qui n'étaient guère plus savantes que leurs écolières, et qui n'étaient pas en état de comprendre les intentions de la pieuse abbesse. Elles s'étaient fait de leurs fonctions une habitude, ou plutôt une routine, qu'elles redoutaient de changer. La communication de madame l'abbesse fut donc reçue froidement, et même, s'il n'y eut pas de murmures, ce fut parce que le respect ferma les bouches opposantes.

Mme de Mirebeau s'en aperçut, et, prenant la parole avec douceur, elle interpella chacune des religieuses séparément, en les invitant à donner leur avis sur la proposition qu'elle venait de leur faire.

La mère Sainte-Claire, la plus ancienne, interrogée la première, répondit : « Je pense bien que le projet de Madame est utile ; mais pour l'exécuter il faudrait des connaissances que je n'ai pas, et malheureusement à mon âge je ne puis guère aller à l'école.

— Je me trouve dans le même cas que la mère Sainte-Claire, dit la mère Saint-Benoît, qui venait après elle par rang d'ancienneté, et ma réponse est la même que la sienne. »

Toutes les anciennes exprimèrent à peu près la même pensée.

Les plus jeunes se montrèrent mieux disposées; cependant quelques-unes firent entendre, mais avec beaucoup de ménagement, et en montrant toujours la plus profonde déférence pour Madame, qu'elles ne comprenaient pas toute l'importance de l'innovation projetée, et pourquoi l'on abandonnerait une méthode qui avait pour elle la garantie d'un long usage et la sanction du temps.

L'abbesse répondit en souriant à ces diverses observations : « Je pourrais dire à celles d'entre vous qui prétendent n'être déjà plus d'âge à aller à l'école qu'on a besoin de s'instruire à tout âge, et qu'on est surtout obligé de le faire quand il y va de la gloire de Dieu et du salut du prochain; car c'est pour la gloire de Dieu et dans l'intérêt du salut des jeunes personnes qui nous sont confiées que je désire leur donner une instruction plus étendue et plus conforme aux besoins des temps où nous vivons. Un mot fera connaître à celles qui ne la comprennent pas l'importance de cette innovation, et l'insuffisance de l'enseignement usité jusqu'ici parmi nous.

« L'hérésie a fait dans ces derniers temps, comme vous ne le savez que trop, de rapides progrès. Elle a pénétré dans les meilleures familles du royaume, et il en est peu parmi nous, tant religieuses que pensionnaires, qui ne comptent quelques-uns de ses parents, quelquefois même les plus proches, parmi les sectaires des nouvelles doctrines. Comment cette lèpre s'est-elle introduite dans le royaume très chrétien, et s'y est-elle étendue d'une manière si alarmante? Il y en a plusieurs causes, dont je n'ai pas à m'occuper ici; mais il y en a une qui nous touche de près comme institutrices de la jeunesse chrétienne.

« Savez-vous pourquoi un grand nombre d'hommes et de femmes se sont laissé prendre aux pièges de l'erreur? C'est parce que la plupart n'avaient pas été nourris dès leur enfance du lait des saines doctrines, et qu'arrivés à l'âge des passions, ils ne se sont pas trouvés de force à lutter contre les ennemis de la foi.

« Ce qu'on a appris à connaître et à aimer dès l'enfance, on l'aimera toute sa vie, et, quand les tentations surviennent plus tard, on est mieux disposé à les repousser, ou, si l'on succombe, on se relève plus facilement.

« Combien, dans ces temps malheureux, de jeunes gens et de jeunes personnes auraient résisté au torrent de l'impiété, s'ils avaient reçu ces premiers germes d'une bonne éducation chrétienne qu'une mère seule peut donner!

« Je ne veux, mes sœurs, vous en citer qu'un exemple, parce que vous l'avez sous les yeux parmi nos jeunes pensionnaires. C'est Solange de Chateaubrun : toute sa famille paternelle est protestante; son père se croit même un des premiers docteurs de cette religion, parce qu'il a été l'ami de Calvin et qu'il a puisé les doctrines de l'hérésie à leur source. Eh bien, M. de Chateaubrun a épousé une femme catholique qui, heureusement, avait reçu de sa mère cette première éducation dont je vous parlais tout à l'heure. Qu'est-il arrivé? M. de Chateaubrun a fait tous ses efforts pour entraîner sa femme dans l'hérésie, et toute la science de l'ami de Calvin y a échoué. Bien plus, elle avait su gagner le cœur et la confiance de son mari à tel point, qu'elle serait peut-être parvenue à le convertir lui-même, si les circonstances ne l'avaient éloigné d'elle, et ne l'avaient rejeté parmi ses coreligionnaires les plus exaltés.

« Il ne lui restait plus qu'une fille, et elle a voulu faire pour cette fille ce que sa mère avait fait pour elle-même; malheureusement la maladie ne lui a pas permis d'achever son œuvre, et, quand elle s'est sentie atteinte mortellement, elle est venue me confier son enfant, en me priant, au nom de la parenté et de l'amitié qui nous unissaient, mais plus encore au nom de la religion, en me suppliant, dis-je, d'achever son ouvrage, et de rendre son enfant capable de résister aux séductions du monde et de l'hérésie.

« J'ai accepté cette mission, et dès lors j'ai compris toute l'importance de la tâche dont nous sommes chargées. Les relations de Mme de Chateaubrun, et les souvenirs que j'ai conservés moi-même de mon enfance et de ma famille, m'ont confirmée dans cette idée qu'une partie des progrès de l'hérésie eût été arrêtée si toutes les mères avaient fait pour leurs enfants ce que Mme de Chateaubrun avait fait pour les siens.

« Hélas! souvent ce n'est pas la faute de ces pauvres mères; elles ne peuvent pas enseigner à leurs enfants ce qu'elles n'ont pas appris elles-mêmes; et cependant le plus grand nombre d'entre elles sortent des couvents, où elles ont reçu un enseignement suranné, mais qui a pour lui la garantie de l'usage et la sanction du temps. »

En prononçant ces derniers mots, madame l'abbesse sourit, et regarda celles des religieuses qui s'étaient servies de ces expressions; elles rougirent et baissèrent humblement les yeux vers la terre.

L'abbesse reprit aussitôt : « Ce n'est point pour vous adresser un reproche, mes sœurs, que je rappelle vos paroles. Elles sont l'expression d'un préjugé malheureusement trop répandu, et que j'ai longtemps partagé moi-même ; mais il est temps que ce préjugé disparaisse. La religion catholique a rendu à la femme sa dignité et le rang qu'elle doit occuper dans la société chrétienne. Mère de famille, elle doit être en état d'apprendre à ses enfants à connaître, à aimer et à servir Dieu ; elle doit leur enseigner les principales vérités de la religion, de manière que ces vérités restent à jamais gravées dans leur esprit et dans leur cœur. Vierge chrétienne, vouée dans le cloître au service de Dieu, elle a des obligations plus importantes encore à remplir. Elle doit acquérir une connaissance plus approfondie de la religion, parce que mieux elle la connaîtra, plus elle l'aimera, et plus tôt elle arrivera à la perfection, à laquelle doit tendre toute âme vouée à Dieu. Si de plus elle est, comme vous, mes sœurs, chargée de l'enseignement, vous comprendrez combien plus grande est encore pour elle l'obligation de s'instruire ; car, encore une fois, on ne peut enseigner aux autres ce qu'on ne sait pas soi-même.

« Mais, ne vous effrayez pas, mes chères sœurs, des nouvelles obligations que je veux vous imposer. Je ne demanderai à chacune que selon ses forces, et, pourvu que nous y mettions toutes de la bonne volonté, avec l'aide de Dieu nous réussirons. Il ne s'agit pas d'ailleurs de faire de nos élèves des docteurs ou des théologiennes, ni de les exercer à la controverse. Dieu nous garde d'une telle pensée ! Laissons aux hommes, aux savants, les discussions philosophiques et religieuses. Contentons-nous d'apprendre les vérités que l'Église catholique nous enseigne, et soumettons-nous, sans les discuter, à ses décisions.

« Notre tâche est encore assez belle et assez difficile, puisqu'elle tend à former des jeunes personnes qui bientôt vont être répandues dans le monde, où elles seront appelées à mettre en pratique l'enseignement qu'elles auront reçu dans cette maison. Il faut qu'elles s'y distinguent par leur piété, par leur vertu, et surtout par un attachement inébranlable à notre sainte religion ; il faut qu'elles soient en état de rendre compte de leur croyance, et qu'en toute occasion, mais avec la modestie qui convient à leur sexe, elles ne rougissent point de confesser leur foi.

« Si nos efforts sont soutenus avec zèle, si Dieu daigne les bénir, j'espère qu'ils seront couronnés de succès. Non seulement aucune de nos élèves ne se laissera entraîner dans les voies de perdition où se sont égarés un si grand nombre de nos frères et de nos sœurs, mais peut-être encore réussiront-elles à en retirer quelques-unes des sentiers de l'erreur, ou à en préserver d'autres d'y tomber. Oh ! si seulement nous parvenions par ce moyen à arracher une seule âme à la damnation éternelle, nous nous croirions suffisamment payées de nos travaux, et nous en rendrions d'humbles actions de grâces à Dieu. »

Après avoir entendu la vénérable abbesse, les religieuses ne firent plus d'objections, et se montrèrent toutes disposées à seconder ses vues de tous leurs efforts.

Elle consacra plusieurs mois à les initier à leurs nouvelles fonctions par des exercices préparatoires, et par des instructions spéciales que leur firent quelques ecclésiastiques de Saint-Martin de Tours. Les religieuses ne trouvèrent pas autant de difficultés qu'elles l'avaient craint d'abord au changement apporté dans le mode d'enseignement par leur mère abbesse. Ce changement, en effet, n'était pas aussi radical qu'elles l'avaient supposé dans le principe. Le fond de l'enseignement était toujours le même, c'est-à-dire qu'il avait toujours la religion pour base ; seulement, au lieu de se borner à faire apprendre aux élèves des réponses toutes formulées, et qu'elles récitaient souvent sans les comprendre, on les leur expliquait dans un commentaire simple et à leur portée. On donnait aussi beaucoup plus d'étendue à l'étude de l'histoire sacrée, et, chaque fois qu'elle se trouvait en rapport avec celle des peuples de l'antiquité, on en prenait occasion de faire connaître sommairement l'histoire de ces peuples : c'est ainsi qu'on leur parla tour à tour des Égyptiens, des Assyriens, des Mèdes, des Perses, des Grecs et des Romains.

Je n'entrerai pas dans de plus longs détails sur ce programme, qui paraîtrait bien mesquin et bien insuffisant aujourd'hui.

Les élèves l'accueillirent avec beaucoup plus de faveur que les maîtresses. C'était quelque chose de nouveau et qui rompait la monotonie habituelle des classes, c'en était assez pour les intéresser et les rendre attentives. Plusieurs firent des progrès rapides, et parmi elles se distingua surtout Solange de Chateaubrun, comme nous le verrons dans la suite.

Madame l'abbesse s'était réservé l'enseignement des

objets qui n'avaient pas encore été traités, particulièrement de l'histoire profane et des notions de géographie et de l'histoire des peuples modernes. Nous dirons seulement quelques mots de la manière dont elle exposait à ses élèves les principaux traits de l'histoire de France.

Après avoir raconté comment l'Évangile s'était propagé dans tout l'empire romain par la prédication des apôtres et de leurs disciples, elle leur montrait la loi pénétrant chez nos aïeux les Gaulois dès le 1ᵉʳ siècle, par saint Lazare et sainte Marie Madeleine; elle la leur montrait déjà professée avec éclat dès le IIᵉ siècle, par la lettre et le sang de ses martyrs de Lyon, par les écrits et le sang de saint Irénée; dans le IIIᵉ, par saint Gatien, premier évêque de Tours; dans le IVᵉ, par saint Martin de Tours, célèbre dans toutes les Gaules; dans le Vᵉ, par saint Hilaire de Poitiers, et par tant d'autres dont la nomenclature serait trop longue. Puis elle leur faisait voir Dieu brisant la ville et l'empire de Rome païenne pour en faire sortir Rome chrétienne, avec des nations et des royaumes chrétiens, et, parmi ces nouvelles nations, la nation française brillant au premier rang.

« En effet, leur disait-elle, c'est saint Remi de Reims, qui, par le baptême de Clovis, a engendré à Dieu la nation française, en l'incorporant à la Gaule déjà chrétienne et à l'univers déjà chrétien, pour être le bras droit de l'Église, comme Rome en est la tête. Ainsi, ajoutait-elle, c'est par la foi catholique que la France chrétienne est venue au monde, s'est développée, a grandi, et a pris sa place à la tête des nations, avec Clovis, Charles Martel, Pépin, Charlemagne, Godefroi de Bouillon, Tancrède, saint Louis. »

Puis venaient des détails sur la vie et les exploits de chacun de ces hommes illustres. Elle n'oubliait jamais, à mesure que son sujet lui en fournissait l'occasion, de parler des femmes de notre patrie qui se sont distinguées par leur sainteté et par leurs vertus. Ainsi, elle leur racontait la fervente piété et les miracles de sainte Geneviève, l'humble vierge de Nanterre, qui a mérité de devenir la patronne de Paris et de la France; elle leur parlait de sainte Clotilde, la vertueuse épouse de Clovis, qui avait contribué par ses efforts et ses prières à la conversion de son mari; de Blanche de Castille, la mère de saint Louis, qui disait à son fils qu'elle aimerait mieux le voir mort que de le savoir en état de péché mortel; de sainte Isabelle sa fille, la fondatrice de l'abbaye de Longchamp, où elle a passé sa vie comme une simple recluse, portant des robes de bure au lieu des somptueux vêtements auxquels était habituée la fille et la sœur d'un roi de France; de Jeanne d'Arc, la vierge de Vaucouleurs, qui, il y avait un siècle à peine, avait été l'instrument miraculeux dont Dieu s'était servi pour sauver la France et l'arracher des mains de ses ennemis.

C'est ainsi qu'en mettant sous les yeux de ses élèves les plus grands personnages et les principaux événements de notre histoire, elle en faisait sortir d'utiles leçons propres à éclairer leur esprit, à élever leur âme, et à les affermir dans la foi de leurs pères.

« Car, leur répétait-elle souvent, c'est par la constance dans sa foi que, depuis plus de treize siècles, la France a élevé sa gloire au-dessus de celle des autres nations. Cette foi immortelle, elle l'a reçue des premiers disciples des apôtres, comme les apôtres l'ont reçue du Fils de Dieu, comme le Fils l'a reçue du Père. Cette foi divine, immuable, elle l'a constamment défendue par les armes de ses guerriers, elle l'a propagée par ses exemples, par le sang de ses martyrs, par les écrits et la parole de ses docteurs; et, le croiriez-vous, mes chères enfants? c'est cette longue existence d'hommes et de gloire, c'est cette patrie née de Dieu, que voudraient nous faire renier les apôtres d'une religion née d'hier en Allemagne, fille d'un moine apostat, et qui nous arrive par la Suisse, où elle a été déjà modifiée au gré du caprice de chacun de ceux qui prétendent l'enseigner.

« On se sent le cœur serré d'une amère douleur en pensant qu'un grand nombre de Français ont abandonné leur sainte religion, la religion de leurs pères, pour des erreurs prêchées à Zurich ou à Genève. Cependant ne nous alarmons pas outre mesure. C'est un temps d'épreuves par lequel Dieu veut nous faire passer; c'est à nous de soutenir cette épreuve avec courage et fermeté, et Dieu nous en fera la grâce, si nous le lui demandons avec ferveur et humilité. Non, mes chères enfants, ne craignez pas que l'hérésie puisse rien contre l'Église de Dieu. Cette Église ne sortira que plus triomphante de la tempête que lui suscite en ce moment l'ennemi de Dieu et du genre humain; seulement, malheur à ceux qui n'auront pas eu la force de résister à l'orage, et qui se seront laissé entraîner dans l'abîme! Pour vous, mes chères filles, nous tâcherons, avec l'aide de Dieu, de vous revêtir d'une armure assez puissante pour résister aux coups de l'ennemi de votre salut, si vous y êtes jamais exposées, et pour le terrasser; et, pendant que vous combattrez courageusement les combats du Seigneur, nous vous suivrons d'ici par nos vœux et nos prières; de jour et de nuit nous ne cesserons d'invoquer Celui qui seul peut donner la victoire; nous le prierons par l'intercession de sa sainte Mère, sous la protection de laquelle vous devez spécialement vous placer; nous le prierons par l'intercession de tous les saints, et particulièrement de saint Benoît, notre bienheureux patron, et j'ai la confiance que nos vœux et nos prières seront exaucés. »

CHAPITRE V

L'entrée au couvent.

Solange de Chateaubrun avait huit ans quand sa mère la mena au couvent de Beaumont-lez-Tours. C'était pour cette tendre mère un cruel sacrifice que de se séparer de son enfant; mais elle sentait sa fin approcher; d'un moment à l'autre elle pouvait mourir, et que deviendrait sa fille entre les mains des étrangers, ou des personnes à qui son père voudrait la confier?

Nous avons vu par les paroles mêmes de Mme de Mirebeau qu'elle avait compris et partagé toute cette sollicitude maternelle. Elle s'empressa d'accueillir Solange au nombre de ses pensionnaires, et, pour que la séparation fût moins sensible de part et d'autre, on convint que Mme la comtesse de Chateaubrun resterait pendant un certain temps dans un appartement de l'hôtellerie du couvent, ce qui lui permettrait de voir sa fille tous les jours au parloir.

Cet arrangement offrait encore à la comtesse l'avantage de pouvoir consulter facilement les médecins de la ville, qui, déjà à cette époque, jouissaient d'une grande réputation. Le long séjour de la cour au Plessis, et la célébrité de Coictier, le médecin de Louis XI, avaient attiré à Tours de savants praticiens, qui s'y étaient fixés et y avaient formé de bons élèves. Ce n'est pas que la comtesse comptât beaucoup sur les efforts de la science pour sa guérison ; elle ne se faisait pas illusion sur son état ; mais, par ce sentiment naturel, instinctif, qui nous rattache à la vie dans les situations les plus désespérées, elle voulait encore essayer de lutter contre la mort ; puis, si ce terme fatal était inévitable, elle voulait du moins, à cause de son enfant, tâcher de l'éloigner le plus qu'il lui serait possible. C'était tout ce qu'elle demandait à Dieu et à la science.

Grâce au séjour de sa mère auprès d'elle, la petite Solange s'accoutuma facilement aux habitudes et à la vie du couvent. Elle avait trouvé une douzaine de petites camarades de son âge, avec lesquelles elle jouait une partie de la journée dans les vastes jardins de l'abbaye. Sa gaieté un peu folâtre, son rire franc et communicatif, ses saillies spirituelles l'avaient fait promptement aimer de toutes ses compagnes ; les grandes pensionnaires se plaisaient à la faire jaser, riaient de ses saillies et la comblaient de caresses ; les mères elles-mêmes la traitaient en enfant gâté, lui donnaient des bonbons et ne la grondaient jamais, ou seulement elles le faisaient bien doucement quand elle avait commis quelque faute légère, car elle n'en commettait jamais de graves.

Était-ce la gentillesse de Solange, sa figure si fraîche, si rosée, encadrée dans des cheveux blonds et bouclés, aussi doux que de la soie ; était-ce son esprit, sa grâce, sa gaieté qui lui valaient toutes ces marques d'affection de ses compagnes et de ses maîtresses ; ou bien ne serait-ce pas qu'elle était la cousine ou plutôt la nièce de madame l'abbesse (car Madame l'avait présentée dès le premier jour comme sa nièce, et elle avait voulu qu'elle l'appelât sa tante)? Toutes ces raisons contribuaient sans doute à la faveur dont jouissait Solange auprès de chaque personne de la maison, mères, professes, novices, pensionnaires, et jusqu'aux sœurs converses ; et nous ajouterons que la dernière y entrait pour beaucoup auprès d'un certain nombre de ces personnes, qui croyaient faire leur cour à Madame en flattant et en gâtant sa nièce. Mais, à cet égard, elles durent être promptement détrompées ; car dès que l'abbesse s'aperçut des prévenances extraordinaires dont sa jeune parente était l'objet, elle signifia qu'elle n'entendait pas que sa nièce fût traitée autrement que les autres pensionnaires de la maison.

Mme de Mirebeau, habituée depuis longtemps à étudier le caractère des enfants, avait compris tout ce qu'il y avait de bon, de précieux dans celui de Solange ; elle avait reconnu sous les dehors d'une gaieté expansive un cœur plein de bon sentiments, une nature riche en qualités solides ; mais elle avait observé des défauts qui, si on les laissait se développer, étoufferaient ces heureuses dispositions, comme l'ivraie étouffe le bon grain. La vanité, le désir de plaire se faisaient déjà remarquer en elle ; des prévenances exagérées ne pouvaient que développer ces mauvais germes et la conduire à l'orgueil, qui a perdu tant d'hommes et des anges même. C'est pour cela qu'elle défendit expressément que cette enfant fût l'objet d'aucune préférence ; « car, disait-elle, ce sont les fruits les plus délicats qui se gâtent le plus facilement. »

Elle-même donnait l'exemple, et, loin de gâter sa nièce, elle se montrait pour celle-ci plus sévère que pour tout autre. Solange d'ailleurs n'aurait pas osé, devant elle, se livrer à cet enjouement, à cette vivacité pétulante qu'elle manifestait devant ses camarades, et même devant les religieuses. Sa tante lui imposait par son extérieur grave et sérieux; il est vrai que cette gravité qu'elle portait dans son maintien, dans ses gestes, sur les traits de son visage, imposait à tout ce qui entourait, à tout ce qui approchait madame l'abbesse. Il n'y avait pourtant rien de dur ni de trop austère dans sa physionomie; au contraire, une douce sérénité régnait sur son visage, d'une beauté remarquable, qu'un sourire de bienveillance venait souvent éclairer. Jamais chez elle d'emportements de la colère ou de caprices causés par la mauvaise humeur, jamais d'éclats bruyants de gaieté ni de transports extraordinaires de douleur ou de joie. Elle était loin pourtant d'être insensible; son âme était très impressionnable, mais la religion lui avait appris à dompter les mouvements déréglés de son cœur et de son esprit, et à se rendre maîtresse d'elle-même. Elle parlait peu; mais sa voix, quoique pleine de douceur, était nette et pénétrante. Jamais de paroles inutiles; soit qu'elle donnât des avis, des conseils ou des ordres, soit qu'elle adressât des reproches ou des éloges, elle le faisait en peu de mots, exprimant clairement sa pensée, et souvent sous la forme de sentences.

Solange, dans les commencements de son séjour au couvent, était extrêmement intimidée en présence de sa tante; toute sa gaieté, toute sa vivacité l'abandonnait alors, et quelquefois un mot adressé par l'abbesse la faisait fondre en larmes. Celle-ci cherchait à la calmer en lui parlant avec douceur, mais sans employer ces cajoleries avec lesquelles on gâte souvent les enfants, et auxquelles, il faut bien le dire, Solange avait été un peu accoutumée sous le toit maternel.

Solange, comme nous l'avons dit, voyait chaque jour sa mère. Dans les premiers moments, l'enfant parlait avec enthousiasme du plaisir qu'elle avait d'être au couvent, de l'affection que lui témoignaient ses camarades et ses maîtresses ; mais un jour elle se présenta à sa mère les yeux humides de larmes et le cœur gonflé par des sanglots étouffés.

« Qu'as-tu donc, mon enfant ? lui dit la comtesse alarmée. Tu étais si heureuse ces jours derniers ; tu paraissais si contente : d'où vient un changement si extraordinaire ?

— Ah ! maman, si vous saviez ce qui cause mon chagrin...

— Dis-le-moi bien vite, ma chère petite, afin que je l'apaise, s'il est possible, ou que je l'adoucisse du moins en la partageant

— Eh bien, c'est que ma tante ne m'aime pas.

— Ta tante ne t'aime pas ! mais d'où peut te venir une pareille idée ? c'est un mauvais rêve que tu as fait.

— Plût à Dieu que je l'eusse rêvé ! malheureusement cela n'est que trop vrai. Ce qu'il y a de plus triste encore, c'est que tout le monde m'aime dans le couvent, excepté elle. Et cependant vous m'aviez dit qu'elle serait pour moi une seconde mère, qu'elle m'aimerait comme vous m'aimez ; et moi je m'apprêtais à l'aimer aussi, non pas autant que vous, cela ne m'eût pas été possible, mais presque autant.

— Mais enfin, comment sais-tu que ta tante ne t'aime pas? qui te l'a dit? qu'elle preuve en as-tu?

— D'abord, c'est que jamais elle ne me fait de caresses comme vous; puis elle a défendu à ces dames et à ces demoiselles de m'en faire, et enfin, quand elle me parle, elle a toujours un air froid et sévère, et, ce matin, quand je suis allée la saluer, elle ne m'a pas dit, comme les premiers jours, ma fille ou ma nièce, mais elle m'a appelée mademoiselle.

— Est-ce là tout? dit en souriant Mme de Chateaubrun.

— Comment, si c'est tout! n'en est-ce pas bien assez? Est-ce que, si elle m'aimait comme une seconde mère, elle ne me le témoignerait pas par des caresses, comme vous le faites? Est-ce qu'elle défendrait aux autres de me montrer leur affection de la même manière? Est-ce qu'elle aurait l'air sévère en me parlant? Enfin, m'appellerait-elle mademoiselle, ce qui ne vous est jamais arrivé que quand vous étiez fâchée contre moi?

— Eh bien! mon enfant, calme-toi; tout ce que tu viens de me dire pour me prouver que ta tante ne t'aime pas, je le savais, et je n'en persiste pas moins à dire qu'elle t'aime peut-être autant que moi, mais à coup sûr mieux que moi, c'est-à-dire plus raisonnablement.

— Oh! par exemple, est-ce possible, cela?

— Oui, ma fille, c'est possible, et je vais te le faire comprendre. Chaque jour je vois madame l'abbesse, et je m'entretiens longuement avec elle. C'est toi qui es l'objet principal, sinon l'unique objet de notre conversation; c'est là que j'ai reconnu clairement toute la tendresse qu'elle a pour toi, et c'est là ce qui me fait dire que cette tendresse est sinon plus grande, du moins plus éclairée que la mienne. Écoute-moi avec attention. Jusqu'ici je t'ai traitée comme une enfant ; j'ai continué à te faire les caresses qu'on fait à une petite fille de trois à quatre ans ; l'habitude de te voir tous les jours ne me faisait pas apercevoir que tu avais grandi ; je t'ai laissée avec trop de facilité te livrer à toutes tes fantaisies, à tous tes caprices : en un mot, je l'avoue, je t'ai gâtée, et ce serait un grand malheur pour toi, pour ton avenir, si l'on continuait à te gâter. Tu n'es pas encore une grande fille, il est vrai ; mais il faut te préparer à le devenir. Tu es en âge de raison ; tu commences à discerner le bien et le mal, et ta tante te croit assez raisonnable pour recevoir l'instruction préparatoire à la première communion. Ta première communion ! Penses-tu, ma fille, toi à qui j'ai dès la plus tendre enfance appris à connaître et à aimer Dieu, penses-tu que la première communion est un des actes les plus importants de la vie ?

— Oui, maman, je le sais bien ; mais ce n'est guère que dans deux ans que je ferai ma première communion.

— Et quand ce serait dans trois, dans quatre même, crois-tu que tu aurais jamais trop de temps pour t'y préparer ? Songe à ce qu'il faut de vertus à une créature pour se rendre digne de s'unir à son Créateur. Voilà la pensée qui préoccupe ta tante ; voilà pourquoi elle t'a accueillie, non pas froidement ni sévèrement, comme tu le penses, mais sans ces démonstrations extérieures, ces cajoleries qu'on fait à un enfant ; en un mot, elle t'a traitée comme une fille raisonnable, je dirais presque comme une grande fille. Et maintenant, trouves-tu extraordinaire que quand elle t'a fait l'honneur de te traiter comme une grande fille, elle ne veuille pas permettre aux autres de continuer de te traiter comme une enfant? Et d'ailleurs, crois-tu que ces caresses que te prodiguent des étrangères, des personnes que tu connais à peine depuis quelques jours, soient des preuves certaines d'une amitié sincère? Hélas! ma chère petite, tu ne connaîtras que trop tôt combien de trahisons, de perfidies se cachent souvent sous des caresses trompeuses. Non pas, Dieu m'en préserve! que je veuille t'insinuer ici qu'aucune des personnes qui dans cette maison t'ont donné de ces marques d'affection ont voulu te trahir ou te tromper; mais il en est plus d'une, je le sais, qui adressaient leurs flatteries bien plutôt à la nièce de madame l'abbesse qu'à Solange de Chateaubrun, et qui, si tu n'eusses pas eu avec elle ce lien de parenté, ne t'auraient pas même regardée. Ta tante a vu tout cela du premier coup d'œil, et elle a voulu couper le mal à la racine. Elle a jugé avec raison que si elle t'accordait quelque préférence sur tes compagnes, ou si elle souffrait que d'autres t'en accordassent, ce serait un motif d'exciter contre toi la jalousie de tes camarades. De quel droit, en effet, pourraient-elles dire, nous préfère-t-on Solange de Chateaubrun? Vaut-elle mieux que nous? Est-elle plus instruite, plus vertueuse, plus capable? Non : c'est tout simplement parce qu'elle est la nièce de madame l'abbesse. Et alors toutes ces belles démonstrations d'amitié qui t'ont flattée si fort dans le commencement s'évanouiraient peu à peu, où celles qui te seraient encore faites n'auraient plus rien de sincère. C'est alors que tu serais réellement malheureuse, et que tu aurais raison de t'affliger. Mais aujourd'hui, ce que ta tante désire et attend de toi, c'est que tu te distingues de tes compagnes par ta piété, par ta docilité, par ton application à l'étude; elle ne veut pas que tu cesses d'être gaie, enjouée pendant les récréations, mais que tu apportes dans tes jeux un peu moins d'entraînement folâtre, et que tu te montres dans toutes les occasions avec cette décence et cette modestie qui sont la plus belle parure d'une jeune personne. En un mot, son désir le plus ardent est que la nièce de l'abbesse soit le modèle de ses compagnes et l'édification de la communauté. N'est-ce pas là un beau et noble rôle qu'elle te prépare, et n'y vois-tu pas la preuve d'une tendresse vraie et éclairée, plus précieuse mille fois qu'une préférence injuste accordée à une enfant sans autre titre que sa parenté pour l'obtenir? Quant à moi, ma fille, je ne puis rien imaginer de plus heureux pour toi, et je serais la plus fortunée des mères si je voyais se réaliser ce désir de ta tante, qui est aussi le mien. »

Ici Mme de Chateaubrun embrassa tendrement sa fille en versant des larmes : elle pensait que, quand même ce vœu serait exaucé, elle ne vivrait peut-être pas assez pour en voir l'accomplissement.

Solange pleura aussi en sentant couler sur son visage les larmes de la comtesse; mais ce n'était plus de dépit comme en entrant au parloir; c'était d'attendrissement, c'était d'une douce sympathie. Elle ne soupçonnait pas, la pauvre enfant, la cause secrète des larmes de sa mère; mais elle avait compris la justesse de ses observations, elle avait rougi d'avoir mal jugé sa tante, et elle croyait que sa mère pleurait de trouver sa fille si imparfaite.

Après quelques instants d'un silence interrompu seulement par des sanglots, Solange, essuyant ses yeux, s'écria tout à coup en serrant affectueusement une main de sa mère dans les siennes : « Consolez-vous, maman ; je ne vous donnerai plus de chagrin comme aujourd'hui. Je vais faire tous mes efforts pour contenter ma tante, et réussir s'il est possible à atteindre ce but, qui doit, dites-vous, faire mon bonheur et le vôtre. Je vous le promets, comptez sur ma parole.

— Bien, mon enfant, je n'en attendais pas moins de ton cœur ; je compte sur ta promesse, surtout si tu demandes humblement à Dieu de te donner les forces nécessaires pour l'accomplir. Car, mon enfant bien-aimée, souviens-toi que les bonnes résolutions nous sont inspirées de Dieu, et que lui seul peut nous donner la grâce d'y persévérer. Allons donc ensemble nous jeter au pied de la croix, et prions le Seigneur, par l'intercession de la sainte Vierge et par les mérites de son divin Fils, d'être ta force et ton soutien. »

A ces mots la comtesse, prenant sa fille par la main, la conduisit à l'église, qui se trouvait à côté du parloir. Toutes les deux s'agenouillèrent au bas de l'autel de la Sainte-Vierge, et prièrent en silence pendant quelque temps. Puis la comtesse, reprenant la main de Solange, la ramena au parloir, et, après l'avoir embrassée encore une fois, la renvoya au pensionnat consolée de son chagrin passé, et pleine de bonnes résolutions pour l'avenir.

Mme de Chateaubrun ne manqua pas de rendre compte à madame l'abbesse de son entretien avec Solange, sans omettre le moindre détail.

« C'est bien, ma cousine, répondit Mme de Mirebeau ; vous avez suivi mes conseils, et vous vous êtes montrée aussi ferme que je le désirais. Voilà un grand pas de fait ; il s'agit maintenant de ne pas reculer. »

A partir de ce moment, il se fit un changement notable dans Solange de Chateaubrun. Elle se montra plus attentive aux leçons des maîtresses, plus régulière aux exercices, plus docile aux observations, plus réservée dans ses amusements. A chaque visite qu'elle faisait à sa mère, elle ne manquait pas de lui rendre compte de l'emploi de la journée, et elle lui demandait si elle était contente d'elle. « Oui, mon enfant, répondait la mère en l'embrassant, je suis contente de toi ; persévère, et tu me rendras bien heureuse. »

Une seule chose chagrinait Solange, c'est que sa tante ne paraissait pas s'apercevoir de son changement. Elle s'en plaignit un jour à sa mère. « Croiriez-vous, lui dit-elle, que ma tante est toujours la même à mon égard? Peut-être seulement est-elle un peu moins froide, mais voilà tout ; pas un mot d'approbation ni d'encouragement. J'ai beau m'observer avec le plus grand soin à l'église, à la classe, à la récréation, je n'obtiens pas seulement un regard de plus qu'auparavant.

— Ma chère enfant, répondit sa mère, sois bien persuadée que rien dans ta conduite n'échappe à l'œil vigilant de ta tante. S'il y a amélioration chez toi, elle l'a remarqué ; si elle ne t'en a rien témoigné, c'est qu'elle n'a pas jugé convenable encore de le faire. Peut-être veut-elle attendre, afin de s'assurer si ce changement est sérieux, ou s'il n'est que passager ; car ce n'est pas tout que de changer, il faut encore persévérer dans la bonne voie. Et puis d'ailleurs, songe bien à une chose : ce n'est pas pour plaire à ta tante, pour obtenir son approbation, que tu dois chercher à devenir meilleure ; ils sont bien malheureux, ils sont bien près de retomber dans leurs anciens défauts, ceux qui ne songent à s'en corriger que pour plaire aux hommes. Mon enfant, c'est à Dieu seul que tu dois chercher à plaire, parce que c'est pour lui seul que tu veux te corriger; c'est pour te rendre digne de lui, digne de le recevoir un jour, que tu cherches à devenir plus parfaite. Et que t'importe, après tout, l'approbation des créatures humaines, quel que soit le rang qu'elles occupent, si tu peux mériter l'approbation de Dieu? Tâche d'abord d'obtenir celle-là; ne vois qu'elle, ne songe qu'à elle, ne t'occupe que d'elle : quant à celle des autres, ne t'en inquiète pas; elle viendra tôt ou tard, ou peut-être même ne viendra-t-elle pas du tout; mais, encore une fois, que t'importe, si tu as celle de Dieu?

— Ce que vous me dites est vrai, ma mère, répondit Solange en poussant un soupir. Cependant j'avoue qu'il m'eût été bien agréable d'être un peu encouragée par ma tante; car je conviens avec vous que nous devons chercher avant tout l'approbation de Dieu; mais comment savoir si nous l'avons obtenue? Il ne nous le dit pas lui-même, et il me semble que si une personne grave et revêtue d'un caractère sacré, comme ma tante, me le disait, je croirais l'entendre de la bouche de Dieu même, et je me sentirais un nouveau courage pour mieux faire.

— Tu viens de dire, mon enfant, que Dieu ne nous fait pas connaître lui-même quand il est content de nous; mais tu te trompes, ma bonne amie : Dieu nous parle par la voix de la conscience qu'il a mise en nous; cette voix, nous pouvons toujours l'entendre quand nous descendons dans notre cœur. C'est elle qui nous avertit de nos fautes, et qui ne cesse de nous les reprocher jusqu'à ce que nous les ayons confessées humblement, que nous en ayons demandé pardon à Dieu, et que nous en ayons fait pénitence. Quand ces fautes sont effacées par un sincère repentir et un ferme propos de n'y plus retomber, quand nous avons eu le bonheur, avec la grâce de Dieu, d'éviter des rechutes, et que nous avons fait quelques nouveaux pas vers la perfection, alors la conscience est calme, nous éprouvons une paix intérieure inconnue jusque-là ; c'est un soulagement comme si l'on nous eût ôté un lourd fardeau de dessus les épaules. Nous nous sentons plus légers, plus dispos pour marcher dans les sentiers de la vertu. Eh bien, mon enfant, c'est ce calme de la conscience, c'est cette paix de l'âme qui est le signe certain par lequel Dieu nous manifeste son approbation. Ce signe n'est pas trompeur, comme l'est souvent l'approbation des hommes, même les plus respectables, même les plus saints ; car ils sont souvent induits en erreur par les apparences ; ils ne peuvent lire au fond des cœurs, comme Dieu y lit, et ils sont quelquefois exposés à louer des actions blâmables au fond, ou bien à en blâmer qui sont dignes d'éloge. Mais la conscience, cet œil par lequel Dieu voit jusqu'aux replis les plus cachés de notre âme, la conscience ne peut se tromper ni nous tromper. C'est un juge infaillible et inflexible, que nous portons partout et toujours avec nous, qui ne laisse échapper aucune de nos fautes, même les plus légères, sans nous en avertir, et qui, si nous avons le malheur de tomber dans quelque faute grave et mortelle (ce dont Dieu veuille à jamais te préserver), s'attache à nous comme un ver rongeur, et devient ce qu'on appelle le remords. C'est de ce juge, ô mon enfant, qu'il faut éviter les reproches plus encore que ceux de ta tante, plus que les miens, plus que ceux de qui que ce soit au monde; tu n'as besoin pour entendre sa voix d'aucun interprète étranger, et, quand il t'aura parlé, tu pourras dire que c'est la voix de Dieu qui s'est fait entendre à ton cœur.

« Ainsi, ma fille, retourne avec calme, avec courage, avec persévérance à tes occupations habituelles ; ne t'inquiète plus si madame l'abbesse ou toute autre observe ou non tes actions, les approuve ou les blâme; songe seulement que Dieu les voit, même les plus cachées, même celles qui peuvent échapper aux regards de tout le monde; le soir, interroge ta conscience par un examen sérieux de tout ce que tu as fait dans le jour; tu verras qu'elle te découvrira nettement, clairement, jusqu'à tes moindres fautes; fais un acte de contrition sincère, humilie-toi de ta faiblesse, promets fermement à Dieu d'éviter de retomber dans les mêmes erreurs, offre-lui ton cœur, couche-toi, et dors en paix. »

CHAPITRE VI

Les premiers succès et la première récompense. — Entretiens
de Mme de Châteaubrun et de l'abbesse.

Solange suivit les conseils de sa mère. Elle continua à observer avec le plus grand soin la règle imposée aux pensionnaires, et à remplir tous ses devoirs avec une exactitude exemplaire. Le changement de Solange et sa persévérance n'avaient pas échappé à l'abbesse, ainsi que Mme de Chateaubrun l'avait dit à sa fille; mais elle continua quelque temps encore à paraître ne pas s'en apercevoir. Quelquefois Mme de Chateaubrun disait à sa cousine, quand celle-ci lui parlait de la bonne conduite de sa fille et de ses excellentes qualités : « Quand donc donnerez-vous à cette pauvre enfant la satisfaction de lui dire que vous êtes contente d'elle?

— Quand je serai tout à fait convaincue que le respect humain n'entre plus pour rien dans ses actions. Vos conseils l'ont mise dans la bonne voie; trop de précipitation pourrait lui rendre des idées que nous avons eu le bonheur de bannir de son esprit. »

Six mois s'étaient écoulés depuis l'arrivée de Solange au couvent. Elle avait pour maîtresse de classe une jeune professe, la mère Saint-Ange, qui avait une instruction beaucoup plus avancée que celle des autres maîtresses. Madame l'abbesse, qui avait déjà formé le projet d'améliorer l'enseignement dans sa communauté, lui avait communiqué son plan, que la mère Saint-Ange avait parfaitement compris; aussi la chargea-t-elle d'en faire un essai dans la petite classe, avant de se déterminer à le faire adopter par toutes les autres mères.

Les progrès des élèves furent remarquables; Solange se distingua entre toutes ses camarades, non pas qu'elle eût plus de capacité que toutes les autres, mais parce qu'elle avait reçu de sa mère une instruction préliminaire qui lui rendait plus facile l'intelligence des leçons données à la classe, et puis que, grâce à la bonne résolution qu'elle avait prise, elle écoutait avec une attention soutenue les explications faites par la maîtresse.

A l'approche des fêtes de Pâques, madame l'abbesse voulut s'assurer par elle-même des progrès des pensionnaires confiées à ses soins. Elle passa un examen détaillé de toutes les classes, et de chaque élève en particulier. Elle se convainquit des heureux résultats que pourrait produire l'application à toutes les divisions de l'essai qu'elle avait fait pour une seule, et ce fut peu de temps après qu'elle prit la mesure générale dont nous avons déjà parlé.

Pour en revenir à Solange, l'abbesse fut étonnée, quoiqu'on lui eût fait déjà des rapports extrêmement favorables, de la facilité et de la justesse de ses réponses à toutes ses questions. Pour la première fois, madame l'abbesse lui adressa publiquement quelques mots de félicitation qui la comblèrent de joie et qui n'inspirèrent de jalousie à aucune de ses compagnes, car toutes reconnaissaient qu'elle l'avait bien mérité, et que même Madame avait été sobre d'éloges pour une élève qui était sans contredit la première d'entre elles.

Après l'examen, Mme de Mirebeau fit venir Solange dans sa chambre. « Je suis contente de vous, ma fille, lui dit-elle en l'embrassant; pour vous récompenser, je vous permets de passer toutes les fêtes de Pâques avec votre mère; je vous ferai mettre un lit dans le petit cabinet à côté de sa chambre; ainsi vous serez jour et nuit auprès d'elle.

— Je vous remercie, ma bonne tante, répondit Solange avec effusion; vous ne pouviez pas me donner une récompense plus précieuse à mon cœur.

— Ce n'est pas moi qu'il faut remercier, mon enfant, c'est le bon Dieu, qui vous a donné la grâce de mériter cette récompense par vos succès; c'est à lui seul que vous devez les rapporter, car c'est à lui seul que vous les devez. Allez donc d'abord l'en remercier humblement; vous irez ensuite embrasser votre mère et lui faire part de vos succès et de la récompense qu'ils vous ont obtenue. » Puis, l'embrassant encore une fois, elle ajouta en la congédiant : « Allez, ma chère fille; prenez courage, persévérez, ne laissez pas l'orgueil pénétrer dans votre cœur; aimez bien le bon Dieu, et priez-le avec plus de ferveur, dans ce saint temps consacré à la mémoire du mystère de la rédemption, qu'il vous maintienne dans vos bonnes résolutions. »

Solange alla d'abord rendre ses actions de grâces à Dieu, selon le conseil de sa tante; puis elle courut chez sa mère.

Mme de Chateaubrun, en voyant sa figure radieuse, embellie par le bonheur, ne put se défendre d'un mouvement d'orgueil maternel. Elle la serra tendrement dans ses bras sans pouvoir proférer une parole ; puis, la première émotion passée : « Tu me parais bien heureuse aujourd'hui, mon enfant, lui dit-elle ; raconte-moi vite le sujet de ta joie.

— Oh ! oui, chère maman, je suis bien heureuse ; je ne l'ai jamais été autant de ma vie ! »

Puis elle lui raconta la visite de l'abbesse dans les classes, les éloges qu'elle lui avait adressés devant tout le monde.

« Mais, se hâta-t-elle d'ajouter, ne croyez pas, ma bonne mère, que ce soit cela qui me rende si contente, quoique dans le moment, je l'avoue, cela m'ait fait un bien grand plaisir. Ce qui a mis le comble à mon bonheur, c'est que ma tante m'a fait venir chez elle, qu'elle m'a embrassée à plusieurs reprises, et qu'elle m'a permis, pour me récompenser, de passer les fêtes de Pâques avec vous. »

Et elle entra dans tous les détails de sa visite chez madame l'abbesse.

« Je suis heureuse de ton bonheur, ma chère fille ; je remercierai ta tante d'avoir voulu m'y associer en t'accordant une faveur dont je profiterai aussi moi-même, puisque je te possèderai quelques jours sans partage.

— Mais ma tante ne vous avait-elle pas prévenue qu'elle m'accorderait cette permission ?

— Non, ma fille, et je reconnais là une de ces attentions délicates que son cœur seul sait trouver. Elle a voulu que j'apprisse de ta bouche même cette bonne nouvelle, parce qu'elle a pensé avec raison que cela en doublerait le prix.

— Oh! oui, vous avez raison... Combien j'étais aveugle autrefois quand je me figurais que cette bonne tante ne m'aimait pas! Elle ne m'a dit aujourd'hui que peu de mots; mais sa voix était si douce en me parlant, ses yeux me regardaient avec tant de bienveillance, que j'ai senti que son cœur éprouvait une vive affection pour moi; elle ne m'a embrassée que deux fois, et ces deux baisers m'ont fait beaucoup plus de plaisir que les caresses répétées et bruyantes que me faisaient autrefois les autres personnes de la maison. Et moi, je l'aime bien aussi, ma bonne tante, et je sens qu'excepté vous il n'est personne que j'aime davantage.

— Tu as bien raison, ma fille, d'aimer beaucoup ta tante! si jamais tu venais à me perdre, c'est elle qui te servirait de mère...

— Ne dites pas de ces choses-là, ma petite maman, interrompit Solange tristement, vous savez combien de pareilles choses m'affligent.

— Il faut tout prévoir, mon enfant, et nous accoutumer de bonne heure en ce monde aux privations les plus pénibles... Mais je n'insiste pas sur ce sujet, pour ne pas t'attrister dans un si beau jour... J'ajouterai seulement à ce que je viens de te dire, que, tout en ayant pour ta tante la plus grande affection, il est pourtant une personne que tu dois aimer plus qu'elle encore : c'est ton père!

— Mon père!... Cela est vrai; vous m'avez appris dès mon enfance à l'aimer, à l'honorer, à le respecter; vous m'avez accoutumée à prier pour lui, et je n'y manque jamais. Mais je ne le connais pas; à peine me souviensje de l'avoir vu ; seulement je me rappelle que, quand j'étais bien petite, il me prenait sur ses genoux et me faisait beaucoup de caresses ; et moi j'avais peur de sa grande barbe et de ses moustaches. S'il était resté avec nous, je me serais sans doute familiarisée avec lui, et peut-être l'aimerais-je autant que vous, puisque c'est ainsi que vous me dites que je dois l'aimer : mais pourquoi nous a-t-il quittées ? quand reviendra-t-il ?

— Mon enfant, un gentilhomme a des obligations à remplir bien différentes des nôtres, et ces obligations le forcent trop souvent à s'éloigner de sa famille. Il doit servir son roi et sa patrie, exposer sa vie dans les combats pour leur défense et pour l'honneur de son nom et de sa race. C'est ce qu'ont fait, comme ton père, tous tes ancêtres dont tu aimais tant à contempler les portraits dans la galerie de Chateaubrun, et dont tu te plaisais à m'entendre raconter les prouesses chevaleresques.

— Oh ! je m'en souviens bien, et je me sens fière de descendre d'une si noble race ; mais il n'en est pas moins bien pénible d'être si longtemps privée de la vue de son père, qu'on aurait tant de bonheur à aimer aussi comme on aime sa mère.

— Oui, ma fille, cela est bien pénible, et pour une femme et pour des enfants ; mais ce sont là de ces privations dont je parlais tout à l'heure, auxquelles il faut nous accoutumer. Notre devoir à nous c'est de prier, moi pour mon mari, toi pour ton père absent, et de demander avec ferveur à Dieu qu'il lui accorde le salut de l'âme et du corps.

— Mais vous ne m'avez pas dit si vous espérez bientôt son retour.

— Ma fille, je n'en sais rien ; les dernières nouvelles que j'ai reçues de lui m'annonçaient son départ pour l'Italie avec l'armée française que le roi a envoyée dans ce pays-là. Depuis j'ai appris par une voie indirecte qu'il y était arrivé et qu'il était en bonne santé ; mais les difficultés des communications ne lui ont pas permis sans doute de m'écrire lui-même.

— Puisqu'il est en Italie, il ira peut-être à Rome, et il nous rapportera quelques belles reliques ou de beaux chapelets bénits par notre saint-père le pape. »

Mme de Chateaubrun ne put s'empêcher de sourire de cette naïveté de sa fille, qui ne se doutait guère que son père fût un ennemi déclaré du pape, des reliques et de l'Église catholique. Elle se contenta de lui répondre :

« Non, mon enfant, ton père ne pourra pas aller à Rome : ainsi ne compte pas sur les reliques et les chapelets qu'il t'en rapporterait. »

Nous voyons par cette conversation que la comtesse de Chateaubrun parlait souvent de son père à sa fille, et qu'elle ne négligeait rien pour lui faire observer le commandement de Dieu : *Honore ton père*. C'est par ce motif qu'elle n'avait pas voulu lui faire connaître le changement de religion du comte, dans la crainte que cela ne diminuât l'affection de sa fille pour lui. D'un autre côté, en montrant à sa fille qu'elle devait à son père, d'après les commandements mêmes de Dieu, obéissance, amour et respect, et en lui apprenant en même temps que son père professait une autre religion que celle qu'on lui enseignait, n'y aurait-il pas eu à craindre que son esprit, encore trop faible, ne conçût des doutes sur l'excellence de la religion catholique, puisque son père en avait préféré une autre ? Elle avait donc résolu d'attendre, pour lui apprendre cette malheureuse circonstance, que Solange eût atteint un âge où sa raison serait plus forte et son esprit plus éclairé ; où, instruite avec soin des vérités de la religion, elle serait assez affermie dans la foi pour que rien ne pût l'ébranler, pas même l'autorité paternelle ; un âge enfin où elle pût comprendre que cette autorité, à laquelle elle devait être toujours respectueusement soumise pour tout le reste, ne pouvait s'étendre jusqu'à exiger d'elle la violation de la loi de Dieu ; que dans ce cas l'obéissance serait un crime, car l'obéissance à Dieu doit l'emporter sur l'obéissance à toute autorité humaine. Alors aussi elle lui aurait fait comprendre que cette différence de religion ne devait pas lui faire moins aimer son père, qu'elle devait seulement plaindre son aveuglement, et prier avec ferveur que le Ciel l'éclairât ; que si elle avait à souffrir quelque chose par suite de sa résistance à des ordres contraires à la religion, elle devait accepter ces souffrances comme une épreuve que Dieu voulait lui envoyer, et ne jamais murmurer ni contre son père ni contre la Providence.

Mais pourrait-elle vivre assez pour donner à Solange ces utiles instructions ? C'était toujours la question qu'elle s'adressait quand il s'agissait d'un avenir plus ou moins éloigné. Cependant son séjour à Beaumont avait paru assez favorable à sa santé, soit qu'elle dût cet heureux changement aux soins des médecins de Tours, ou bien au bonheur que lui causaient les heureuses dispositions de sa fille. Le retour de la belle saison semblait aussi la ranimer. Chaque jour, pendant les vacances de Pâques, elle fit avec Solange de longues promenades dans ces riantes campagnes de la Touraine, que le printemps or-

nait d'une riche et brillante parure. Rarement elle allait
à la ville ; elle préférait l'air des champs à celui qu'on
respirait dans la plupart de ces rues étroites et tor-
tueuses, remplies d'une population bruyante d'ouvriers
et d'artisans. Seulement elle fit visiter à sa fille les principales églises de Tours : d'abord la basilique de Saint-
Martin, alors une des plus belles et des plus opulentes
églises de la chrétienté. Solange ne pouvait se lasser
d'admirer ces voûtes élancées, ces vitraux aux mille couleurs, ces lampes d'argent, ces statues étincelantes d'or
et de pierreries, et tous ces somptueux ornements, témoignage de la piété de nos pères et de tant de siècles de
foi. Toutes les deux s'agenouillèrent au tombeau de saint
Martin et le prièrent avec ferveur, Solange pour la
conservation des jours de son père et pour son prompt
retour, la comtesse pour la conversion de son mari. Elles
visitèrent ensuite la métropole de Saint-Gatien, dont la
beauté fit une impression non moins vive sur l'âme de
Solange. En effet, les églises construites au moyen âge,
en ces temps où la foi était encore dans toute sa force,
portent avec elles un caractère tellement religieux, que,
même aujourd'hui, dans notre siècle de scepticisme et
d'incrédulité, elles inspirent un respect involontaire au
sceptique, à l'incrédule même, que le hasard y conduit.
On comprend quelle impression devait produire l'aspect
de ces beaux monuments sur l'âme si pure et si religieuse de Solange ; aussi ne pouvait-elle s'empêcher de
dire en entrant dans une de ces églises et en s'agenouillant avec respect sur les dalles de la nef : « On voit bien
que c'est ici la maison de Dieu. »

Ces promenades, répétées pendant une dizaine de
jours, paraissaient avoir fait tant de bien à Mme de Cha-

teaubrun, que quand le mardi de *Quasimodo* elle ramena sa fille au couvent, madame l'abbesse ne put s'empêcher de féliciter sa cousine sur l'amélioration de sa santé, et sur l'espoir qu'elle devait concevoir maintenant d'une prompte guérison.

En présence de Solange, la comtesse sourit aux paroles de l'abbesse comme si elle eût partagé l'opinion qu'elles exprimaient. Mais quand sa fille se fut retirée, ce sourire disparut, et elle dit tristement à sa cousine :

« Vous vous faites illusion, mon amie, et vous voudriez me le faire à moi-même ; mais cela est impossible. J'ai été frappée là, ajouta-t-elle en portant la main droite sur son côté gauche, et le coup a été mortel ; je n'en reviendrai pas.

— Mais, répondit l'abbesse, n'est-ce pas vous qui vous méprenez sur la gravité de votre état ? Le médecin de la maison, que vous avez consulté et en qui j'ai une grande confiance, m'a dit que votre maladie est plus imaginaire que réelle ; aucun des autres docteurs de la ville qui vous ont visitée n'a regardé votre maladie comme sérieuse ; vous avez été souffrante cet hiver, mais qu'y a-t-il à cela d'étonnant ? Toutes les personnes délicates sont plus ou moins sensibles à la mauvaise saison. Votre santé est revenue avec le printemps : pourquoi la belle saison n'achèverait-elle pas votre guérison ? Si vous laissez votre imagination se prendre, si vous vous affectez de votre état outre mesure, vous pourriez contribuer à le rendre pire. Je sais bien que si c'est, comme vous le dites, l'âme ou le cœur qui est malade, les médecins ordinaires n'ont pas de remède pour ces sortes de maladies, mais vous avez le grand médecin de l'âme et du corps à qui vous pouvez vous adresser en toute confiance ;

celui-là ne se trompera ni ne vous trompera. Je m'étonne que, pieuse comme je vous connais, vous n'ayez pas déjà eu recours à un moyen aussi efficace.

— Pouvez-vous soupçonner, reprit la comtesse d'un ton de voix pénétré, que je n'aie pas encore eu la pensée de porter mes souffrances au pied de la croix? Oh! combien de fois n'ai-je pas prié Dieu, avec toute la ferveur dont je suis capable, de détourner de moi ce calice d'amertume! mais toujours il a fallu me résigner, et lui dire, comme Celui qui doit nous servir de modèle dans nos souffrances : « O mon Père, que votre volonté s'accomplisse, et non pas la mienne! »

— Pardon, ma chère cousine, dit l'abbesse d'un ton plus affectueux, je vous ai offensée sans le vouloir; je connais depuis longtemps le sujet de vos peines, et j'en apprécie mieux que personne toute la gravité; je sais que vous n'avez pas attendu jusqu'à ce jour pour invoquer le consolateur des affligés, et j'ai eu tort de m'exprimer comme je l'ai fait. J'aurais dû vous le dire, et je vous le dis maintenant, que la bonté et la miséricorde de Dieu sont infinies, que le trésor de ses grâces est mille et mille fois plus abondant que la somme réunie de toutes nos misères; qu'il sait mieux que nous-mêmes ce qui nous convient, et quand et comment il doit nous l'accorder; qu'enfin lui seul est le maître de la vie et de la mort, et qu'en nous soumettant avec résignation, comme vous le faites, à sa sainte volonté, nous ne devons jamais nous laisser aller au découragement.

— Oh! oui, ma cousine, c'est de courage et de beaucoup de courage que j'ai besoin, car je suis bien faible; toutes mes forces sont épuisées, et je sens que le courage seul peut me soutenir... Vous dites, ma chère amie, que vous appréciez toute la gravité de mes peines. Oh! non, non, vous ne pouvez pas vous faire une idée des souffrances que j'ai endurées depuis bien des années. A l'époque où je me suis mariée, on ne parlait pas encore dans notre pays, ou du moins moi je n'avais pas encore entendu parler de nouvelles sectes religieuses; mon mari, qui m'avait été présenté par ma famille (car depuis longtemps il était l'ami de mon frère aîné), m'épousa devant un prêtre catholique, en se soumettant, du moins en apparence, à toutes les exigences de l'Église pour la célébration du mariage. Ce n'est que bien longtemps après que j'ai su la triste vérité. Je m'étais bien aperçue qu'il ne remplissait pas exactement les devoirs de notre religion; quand je lui en parlais, il me répondait d'une manière évasive, et me donnait des raisons spécieuses dont il fallut bien me contenter; d'ailleurs je le croyais seulement indévot, et j'étais loin de le soupçonner hérétique. Puis il était bon, généreux, plein de prévenances et d'attentions pour moi, je l'aimais avec toute la tendresse d'une première affection, quand enfin, un jour que je l'engageai à faire ses pâques à la paroisse du château, il me répondit d'un air grave :

« Je suis sûr que vous me prenez pour un homme sans religion.

« — Non, répondis-je; seulement je trouve que vous ne pratiquez pas assez.

« — Eh bien! vous êtes dans l'erreur, reprit-il; je pratique ma religion comme je dois le faire; seulement cette religion n'est pas la même que celle que vous suivez.

« — Vous voulez plaisanter? m'écriai-je stupéfaite.

« — Vous savez, mon amie, que je plaisante rarement, et je ne me permettrais pas de le faire sur un sujet aussi grave.

« — Comment ! repris-je avec une émotion toujours croissante, est-ce que vous n'êtes pas de la religion catholique, apostolique et romaine ?

« — Je suis chrétien, me répondit-il avec calme ; je crois en Dieu, en Jésus-Christ, Fils unique de Dieu, au Saint-Esprit, troisième personne de la Trinité ; je crois, en un mot, à tout ce que l'Évangile nous a révélé ; mais je ne crois rien au delà, et je regarde comme des inventions purement humaines une foule de choses inutiles que l'Église qui se dit catholique, apostolique et romaine, enseigne comme des articles de foi. »

« J'étais atterrée : je ne trouvais pas un mot à répondre à une déclaration aussi explicite, qui bouleversait toutes mes pensées et tous mes sentiments. Profitant de mon silence, mon mari continua : « Depuis longtemps je désirais vous faire ma profession de foi, car je souffrais de passer à vos yeux pour un homme irréligieux ; et d'un autre côté, il eût trop répugné à mon caractère de paraître professer une religion à laquelle je ne crois pas.

« — Comment donc s'appelle votre religion ? lui demandai-je d'une voix affaiblie par la douleur.

« — Elle se nomme simplement la religion du Christ, ou la religion évangélique tout court ; car c'est la religion ramenée à sa pureté primitive, et telle que la pratiquaient les premiers chrétiens. Je vous expliquerai plus tard cette religion, et quand vous l'aurez bien comprise, je suis persuadé que vous l'embrasserez. Aujourd'hui vous me paraissez trop émue, et vous ne me comprendriez pas. Remettez-vous, et quand vous serez plus calme, nous reviendrons sur ce sujet, et nous en causerons comme deux bons amis qui cherchent mutuellement à s'éclairer, et qui veulent sincèrement le bonheur l'un de l'autre.

« — Dieu m'est témoin, m'écriai-je, que je désire de tout mon cœur votre bonheur en ce monde et en l'autre.

« — Je forme le même désir que vous, et il ne dépendra pas de moi qu'il ne se réalise. »

« Et en disant ces mots il s'éloigna, et me laissa seule dans ma chambre.

« Je restai longtemps immobile et comme anéantie par l'impression que produisit en moi ce que venait de me dire mon mari. Je me demandais parfois si ce n'était pas une illusion; mais, en y réfléchissant, je compris toute l'étendue de mon malheur : je me rappelai une foule de circonstances auxquelles j'avais fait peu d'attention dans le temps, et qui me confirmaient la triste vérité. Je sentis que tout le bonheur que j'avais rêvé sur la terre, et que je goûtais depuis mon mariage, venait de s'évanouir comme un songe. Non, il n'est pas de position plus affreuse que celle d'une femme qui aime tendrement son mari, et qui tout à coup voit comme une barrière d'airain s'élever entre elle et lui. Plus de communauté de pensées, de sentiments, d'avenir. Elle avait cru que leur union passagère sur la terre n'était que le présage de leur union éternelle dans le ciel, et voilà qu'au contraire ils seront séparés pendant l'éternité...

— Vous aviez tort, interrompit l'abbesse, de vous livrer à ces pensées accablantes; je comprends tout ce que votre situation avait de pénible; mais enfin, votre mari pouvait, que dis-je? il peut même encore se convertir, car il y a en lui de bons et nobles sentiments.

— Vous avez raison, ma cousine, c'est ainsi que je le jugeais aussi. Je n'oubliais pas qu'il m'avait dit que nous causerions comme deux amis qui cherchent mutuellement à s'éclairer. J'attendis donc qu'il ramenât la conversation sur ce sujet, et je me préparai à cet entretien en priant Dieu de m'éclairer des lumières de l'Esprit-Saint, et de me donner la force nécessaire pour résister aux séductions de l'erreur. Cette première conversation eut lieu, beaucoup d'autres la suivirent; et, grâce à Dieu, je n'éprouvai pas un seul instant d'hésitation. Mon mari, je dois le dire, ne mit dans nos entretiens aucun de ces emportements qui accompagnent trop souvent ces sortes de discussions. Seulement il s'étonnait que les puissants raisonnements de son ami Calvin ne fissent pas sur moi plus d'impression; mais il ne s'en fâchait pas, et se contentait de dire que j'étais une entêtée. Plus d'une fois aussi il arriva que je l'embarrassai en répondant à ses arguments d'une manière à laquelle il ne trouvait pas de réplique. Je n'avais garde de paraître triompher, car cela eût peut-être blessé son amour-propre de savant. Seulement il me disait quelquefois : « Je ne m'attendais pas à trouver en vous un aussi rude jouteur; mais dites-moi donc où vous avez appris tant de choses.

« — Au pied de la croix, répondais-je. Vous êtes bien instruit, ajoutais-je; mais si vous puisiez là votre science, vous apprendriez à connaître une foule de choses que vous ignorez encore, et vous arriveriez facilement à découvrir la vérité. »

« Ces entretiens, comme je vous l'ai dit, n'ébranlèrent pas un instant mes convictions; mais ils ne parurent également faire sur lui aucune impression. Il finit par cesser ses tentatives de conversion, en me disant qu'il espérait que le temps mûrirait mes idées, et que je céderais un jour à la voix de la raison.

« Si nous en fussions demeurés là, j'aurais fini par me résigner, et j'aurais tâché d'imiter tant de saintes femmes dont les maris étaient païens ou hérétiques; mais ce qui me bouleversa complétement, ce fut quand il m'annonça qu'il entendait élever ses enfants dans sa religion. Nous en avions trois alors : un garçon âgé de quatre ans, une autre de deux, et ma petite Solange, qui avait à peine six mois. A cette nouvelle, j'éclatai en sanglots. « Quoi! m'écriai-je, ce n'est donc pas assez de vous perdre vous-même, vous voulez encore causer la perte de nos malheureux enfants!

« — Votre douleur m'afflige, me répondit-il froidement, mais elle ne saurait me faire changer de résolution. Aussitôt que mes fils auront atteint l'âge de raison, je les instruirai dans la vraie religion évangélique, que votre entêtement vous a seul empêchée d'embrasser. »

« Je gardai le silence; je connaissais trop bien la résolution de son caractère pour espérer de le faire changer. J'eus recours, comme à mon ordinaire, à la prière et aux larmes, que je versais secrètement, en présence de Dieu seul. Que d'angoisses mon cœur a souffertes, que de nuits j'ai passées sans sommeil, en pensant à l'avenir réservé à ces petites créatures, aujourd'hui des anges d'innocence, et qui peut-être un jour deviendraient les ennemis de Dieu! Plus d'une fois, en contemplant ces pauvres enfants qui dormaient paisiblement dans leur berceau, il m'est arrivé de demander à Dieu de les rappeler à lui, s'il prévoyait qu'un jour ils abandonnassent sa foi. Puis je m'épouvantais moi-même d'un pareil vœu ; je tremblais qu'il ne fût exaucé, je tremblais à la pensée d'être privée de mes enfants. J'étais tentée de faire un vœu contraire au premier, et je finissais par cette invocation, que je m'habituai à répéter fréquemment : « O mon Dieu, vous savez mieux que moi ce qui leur convient ; faites pour le mieux, et j'accepterai avec soumission tout ce que vous aurez décidé. »

« Pendant que j'étais ainsi tourmentée, mes trois enfants tombèrent malades de la petite vérole. Je n'essaierai pas de vous peindre tout ce que j'ai souffert pendant cette cruelle maladie ; je voyais avec épouvante que Dieu avait exaucé le vœu terrible que j'avais formé... Mes fils moururent, Solange seule guérit... »

Ici Mme de Chateaubrun s'arrêta, suffoquée par la douleur que ranimaient en elle ces cruels souvenirs. Madame l'abbesse, attendrie elle-même, lui dit :

« Oui, pauvre femme, vous avez été horriblement éprouvée... Je ne connaissais pas toute l'étendue de vos peines. Soyez convaincue que je les partage en amie et en chrétienne, et que, s'il était en mon pouvoir de les soulager, je ferais pour y parvenir tout ce qu'il est humainement possible de le faire.

— Je n'ai jamais douté un instant de votre amitié, reprit la comtesse ; vous m'en avez déjà donné des marques bien touchantes, et je vous en demanderai peut-être encore d'autres quand vous aurez entendu ce qui me reste à vous dire.

— Tout ce que vous me demanderez, s'il est en mon pouvoir, vous est accordé d'avance ; mais vous êtes aujourd'hui trop émue et trop fatiguée pour continuer ce récit. Remettons-le à un autre jour ; vous me trouverez toujours disposée à vous écouter. D'ailleurs voici l'heure de l'office, et mon devoir me force à vous quitter. Au revoir, ma chère et malheureuse amie; en attendant, je prierai pour vous. »

CHAPITRE VII

Suite de l'entretien de Mme de Chateaubrun et de l'abbesse.

Pendant la nuit suivante, Mme de Chateaubrun fut prise d'une fièvre violente qui dura plusieurs jours. Solange, qui ne s'était jamais doutée de la gravité de la maladie de sa mère, commença pour la première fois à s'alarmer sérieusement. L'abbesse, qui n'était pas sans inquiétude, la consolait de son mieux, et l'encourageait en lui donnant une espérance qu'elle commençait à ne plus avoir elle-même. Enfin, au bout de huit jours la fièvre se calma, la malade reprit un peu de force. Appuyée sur le bras de sa fille, elle put faire quelques tours de promenade dans une allée de tilleuls qui servait d'avenue au couvent. Le lendemain elle se trouva en état d'aller seule au parloir de l'abbesse, qu'elle avait fait prévenir. Mme de Mirebeau, en voyant le changement que ces huit jours de maladie avaient apporté sur le visage de sa cousine, en fut effrayée. Elle avait beaucoup maigri; ses joues étaient pâles, excepté les pommettes, où le sang semblait s'être concentré; enfin, elle faisait entendre de temps en temps une petite toux sèche.

« Vous avez bien souffert, ma chère cousine, lui dit l'abbesse, depuis que je vous ai vue; mais vous vous sentez mieux aujourd'hui, puisque vous êtes venue me voir; cependant, malgré le plaisir que me cause votre visite, je crains que vous n'ayez fait une imprudence en sortant trop tôt de votre chambre.

— Je ne le pense pas, répondit la comtesse; le médecin m'a dit que tout ce qui pourrait me causer une distraction agréable me ferait du bien, et rien ne saurait m'être plus agréable que de vous voir et de causer un instant avec vous. Je tiens d'ailleurs, puisque j'ai commencé à vous ouvrir mon cœur, à achever ma confession tout entière.

— Mais je crains bien, reprit l'abbesse, que ce récit ne vous fatigue et ne vous cause une rechute; car j'attribue en partie votre maladie de ces jours derniers à l'émotion que vous a causée votre dernier entretien.

— Détrompez-vous, ma cousine, déjà depuis un ou deux jours je me sentais plus souffrante; mais j'ai voulu surmonter mon mal pour ne pas alarmer ma petite Solange, et ne pas la priver des derniers instants qu'elle avait à passer avec moi. Quant à ce que je vous ai raconté, loin que ce récit ait augmenté mon mal, je sentais, au contraire, un grand soulagement à épancher mon cœur dans le vôtre; j'en attends un plus grand encore pour ce qui me reste à vous dire, car il s'agira principalement de l'avenir de ma fille, et de réclamer de vous ces services que j'attends de votre amitié et que vous m'avez permis de demander pour elle.

— S'il en est ainsi, parlez avec confiance ; je vous écoute avec tout l'intérêt que vous m'inspirez.

— J'en suis restée à la mort de mes deux fils. J'avais tellement épuisé la source de mes larmes, je m'attendais depuis si longtemps à ce funeste événement, que je n'en fus pas d'abord frappée comme je l'aurais été dans tout autre moment. Je fis plus, je remerciai Dieu de ce coup affreux comme d'un bienfait, puisque dans sa sagesse il l'avait jugé nécessaire au salut de ces innocentes créatures. A quelle terrible extrémité faut-il qu'une mère en soit réduite pour remercier Dieu de l'avoir privée de ses enfants !

« Toutes mes craintes, toute ma sollicitude, se reportèrent sur ma fille. Était-ce pour ne pas me frapper par des coups trop violents et trop répétés que Dieu dans sa miséricorde l'avait épargnée ! Attendait-il pour la rappeler à lui qu'elle eût atteint l'âge de ses frères ? ou bien avait-il sur elle d'autres vues qu'il ne m'était pas donné de pénétrer ? Toutes ces pensées agitaient mon âme d'une inquiétude profonde, incessante, que ne pouvaient dissiper les vagues lueurs d'une espérance éloignée et douteuse.

« A mes chagrins personnels se joignait la douleur profonde dont la mort de ses fils accabla mon mari. Pendant quelque temps il fut plongé dans un sombre désespoir, qui fit craindre pour sa vie ou pour sa raison. Je voulus, pour le calmer, lui présenter l'enfant qui lui restait ; il la repoussa avec un geste d'aversion. Il m'eût frappée moi-même d'un coup de poignard qu'il ne m'aurait pas fait plus de mal. Peu à peu cependant, à force de prières et de larmes, je parvins à le calmer, et à lui faire entendre quelque parole de consolation et de résignation.

« — Ces paroles, me dit-il, sont raisonnables ; mais ce qui m'étonne, c'est que vous que j'ai vue si tourmentée, si troublée pendant la maladie de nos enfants, au point que votre état m'inspirait autant d'inquiétude que celui de nos enfants eux-mêmes, vous ayez pu supporter ce fatal événement avec plus de courage que moi, et qu'aujourd'hui ce soit de vous que je reçoive des consolations, tandis que ce serait à moi à vous en donner.

« — Mon ami, lui répondis-je, que cela ne vous étonne pas. Le chagrin m'aurait accablée bien plus que vous encore, car je n'ai ni votre force ni votre courage, si je n'avais trouvé dans la religion catholique une source inépuisable de force, de courage et de consolations. »

« Il ne répondit rien, et parut réfléchir quelques intants. Puis il me demanda à voir sa fille ; je m'empressai de la lui apporter. Il lui fit beaucoup de caresses, ce qui me causa une joie d'autant plus vive que depuis longtemps mon cœur ne connaissait que la douleur.

« A compter de ce jour, il ne fut plus en proie à cet abattement profond qui m'avait si fort inquiétée. Il causait familièrement avec moi : jamais il ne me parlait de sa religion, et moi je me hasardais souvent à faire l'éloge de la mienne, et à répéter combien cette religion est douce, aimable, faite pour le cœur de l'homme ; combien enfin elle gagne à être connue ; et que si tous les hommes la connaissaient bien, il est probable qu'elle serait aimée et pratiquée de tous.

« Autrefois, s'il m'avait entendue parler ainsi, il m'aurait à peine écoutée, ou il m'aurait répondu par quelque ironie, par quelque sarcasme contre le pape ou contre les prêtres : maintenant il m'écoutait en silence. Une seule fois il lui arriva de me dire : « Si tous ceux qui appartiennent à la religion catholique vous ressemblaient, ma chère amie, elle n'aurait pas, j'en conviens, autant d'ennemis qu'elle en a. »

« J'aurais bien relevé cette espèce de compliment pour chercher à l'amener à quelque aveu sur l'excellence de cette religion, à laquelle seule j'étais redevable de tout le bien qu'il croyait apercevoir en moi ; mais cela eût pu nous entraîner à une discussion, et c'était ce que je voulais éviter : car la controverse l'eût animé, l'amour-propre s'en serait mêlé, et j'aurais perdu une partie du terrain que je croyais avoir déjà gagné. C'est par le cœur que je voulais le toucher. Souvent, à la suite des grandes douleurs, des malheurs irréparables, le cœur s'ouvre aux sentiments pieux, et cherche son Créateur, parce qu'il est le bien suprême, devant lequel tous les biens et tous les avantages de la terre ne sont que néant. Telle était la position où se trouvait mon mari : la perte de ses fils était pour lui un coup qui le frappait dans ses sentiments de père et dans son orgueil de gentilhomme. La religion seule pouvait lui offrir des compensations à ce qu'il avait perdu ; tous mes désirs, toutes mes espérances étaient de voir ses pensées prendre cette direction. Un instant je crus avoir réussi. Oh ! de quelle félicité mon cœur eût été inondé, s'il eût tout à coup renoncé à ses erreurs pour revenir à la religion de ses pères, et surtout si j'eusse été l'instrument dont Dieu se fût servi pour opérer cette conversion !

« Tant de bonheur ne m'était pas réservé. Un jour il reçut une lettre d'un de ses amis qui l'engageait à voyager pour se distraire. Cette idée parut lui sourire, et il m'en fit part. Je ne m'y opposai point, dans l'espoir que son absence ne serait pas longue, et je pressai même son départ, afin que son retour fût plus prompt. Je ne voyais dans ce voyage qu'une distraction passagère, et un moyen de dissiper les idées noires qui ne l'avaient pas encore quitté depuis la mort de ses fils.

« Combien nous sommes aveugles dans nos projets que nous croyons souvent les plus sages! Ce malheureux voyage a détruit à jamais les espérances que je commençais à concevoir. Le comte de Chateaubrun rencontra à Paris une foule de gentilshommes de sa connaissance, tous protestants, et il s'engagea à prendre avec eux du service dans les troupes protestantes à la solde du roi de France. Je ne l'ai vu que rarement depuis cette époque. Il est venu trois ou quatre fois à Chateaubrun, et chaque fois il n'y restait que quelques jours. Il se montrait toujours très-bon pour moi, il témoignait à sa fille la plus vive tendresse; mais il ne parlait que du triomphe prochain de la religion protestante, qui, dans quelques années, disait-il, serait la seule religion de la France.

« Il me fallut dès lors renoncer à la douce illusion que je m'étais faite de contribuer à sa conversion. Je me reprochais amèrement de lui avoir moi-même conseillé ce funeste voyage, qui l'avait replongé si profondément dans ses anciennes erreurs. Toutes mes craintes, toutes mes tribulations passées revinrent m'assaillir de nouveau. Cette pauvre petite, sur qui je reportais toute ma sollicitude et toute mon affection, me serait-elle aussi enlevée pour ne pas être exposée au malheur de perdre sa foi? Je n'osais demander à Dieu ni de me l'ôter ni de me la conserver, et je me contentais de lui dire :

Que votre sainte volonté s'accomplisse sur elle comme sur moi!

« Enfin, quand cette chère enfant eut dépassé l'âge qu'avait atteint l'aîné de ses frères, je commençai à concevoir quelques espérances. A mesure qu'elle grandissait, que ses forces physiques et sa raison commençaient à se développer, je me consacrai tout entière aux soins de sa première éducation.

— Vos soins, interrompit l'abbesse, n'ont pas été perdus. Nous en avons vu l'heureux résultat, et il serait bien à désirer que toutes les mères jetassent dans le cœur et dans l'esprit de leurs enfants ces précieuses semences, qui déjà ont produit dans la vôtre des fruits si remarquables, et qui, je l'espère, sont destinés à en produire de plus précieux encore dans l'avenir.

— Dieu vous entende! ma chère cousine; mais c'est à vous que sera dû le développement de cette plante encore si tendre; car moi désormais je ne puis plus rien pour elle. Je ne me fais pas d'illusion, mon imagination n'est point frappée d'une vaine terreur; mais, je le sens, mes jours sont comptés. Mon corps a trop fortement senti les blessures dont mon âme a été déchirée. D'un moment à l'autre je puis être appelée à rendre compte à Dieu de mes actions pendant mon pèlerinage sur la terre; je dois donc être prête à paraître devant mon juge. »

Ici l'abbesse, s'apercevant que sa cousine s'animait en parlant et que sa voix prenait une sorte d'agitation fébrile, chercha à la calmer par ces paroles prononcées d'un ton grave et affectueux :

« Ce sont là, ma chère amie, les sentiments qui doivent distinguer tous les vrais chrétiens. Ils doivent

5

toujours être prêts à paraître devant Dieu ; car nul d'entre nous n'est assuré du lendemain : que dis-je ! pas même de l'instant qui va suivre. Je ne prétends pas que vous vous abusiez sur votre état ; il se peut que Dieu, satisfait de tant de sacrifices que vous lui avez faits ici-bas, juge le moment arrivé de vous accorder la récompense qu'il vous réserve là-haut ; peut-être aussi veut-il vous éprouver plus longtemps encore que vous ne le pensez ; l'avenir est entre ses mains, et nous ne pouvons le pénétrer. Dans tous les cas, vous agissez sagement en vous tenant toujours prête pour l'heure où il vous appellera. Quoique ses jugements soient redoutables, sa miséricorde et son amour pour nous sont infinis. Ayez donc confiance en sa bonté, et, quand l'heure sera venue, vous quitterez sans trop de regrets cette terre qui a été pour vous surtout une vallée de larmes et de misères.

— Oh ! certainement, je quitterais la vie sans aucun regret, si j'étais assurée de l'avenir de mon enfant. Mais que deviendra-t-elle quand je n'y serai plus ? Voilà la seule inquiétude qui me reste, le seul lien qui me rattache encore à la terre. Vous m'avez promis, il est vrai, de lui servir de mère ; cette promesse suffirait pour me tranquilliser, si j'étais sûre que Solange ne vous quittât jamais. Mais, si je viens à mourir, son père peut dès le lendemain la réclamer, et vous ne la retiendrez pas malgré lui. Une fois qu'il l'aura avec lui, il voudra la forcer à apostasier, et cette idée me fait frémir. Si au moins elle avait atteint l'âge où sa raison plus solide, où son instruction plus complète lui donneraient plus de force pour résister, je serais moins inquiète pour elle. Il est vrai que d'un autre côté elle aurait de rudes combats à soutenir ; car y a-t-il rien de plus pénible que d'être obligé de lutter contre celui que Dieu et la nature nous commandent d'aimer et de respecter? Et si, comme il est probable, il exige que sa fille épouse un homme de sa religion à lui, quel avenir affreux pour mon enfant! Faudra-t-il donc qu'elle ait à endurer un jour toutes les tortures que j'ai eu à subir! O mon Dieu, si tel est le sort qui lui est réservé, accablez-moi de nouvelles souffrances, mais épargnez cette innocente créature!

— Pourquoi, ma chère amie, vous tourmenter ainsi d'un avenir encore incertain? reprit l'abbesse, qui s'effrayait de l'exaltation toujours croissante de sa cousine. Ici permettez-moi de vous gronder un peu; car en vérité vous n'êtes pas raisonnable. Sans doute il faut autant que possible prévoir l'avenir et se préparer aux événements qu'il peut nous amener; mais il ne faut pas s'en alarmer outre mesure, cela n'est ni sensé ni chrétien. Pouvons-nous être sûrs que ce que nous prévoyons arrivera précisément tel que nous le prévoyons? Une foule d'incidents inattendus font presque toujours tourner les choses tout autrement que nos désirs ou nos craintes ne les avaient rêvées. Voilà ce que nous enseignent la raison et l'expérience de tous les jours; mais la religion nous donne un enseignement bien plus salutaire encore. Elle nous apprend que l'avenir est entre les mains de Dieu, et que rien n'arrive que par sa permission; que sa sagesse infinie fait souvent sortir un bien immense de ce que nous autres, faibles et aveugles mortels, nous appelons malheur irréparable et douleur sans remède; car c'est par là qu'il éprouve ordinairement ses élus, qu'il avertit ou punit les pécheurs.

— Vous avez bien raison, reprit la comtesse avec plus de calme; mais, que voulez-vous, mon imagination s'alarme malgré moi. J'ai beau me dire que l'avenir peut être tout différent de ce que je le prévois, cependant la raison elle-même me dit aussi que les mêmes causes produisent les mêmes effets ; or je vois s'accumuler sur la tête de ma fille des faits pareils à ceux qui ont amené mes malheurs, et je me demande comment elle en serait plus exempte que moi.

— Vous êtes vraiment ingénieuse à vous tourmenter. Eh bien ! moi je vais aussi faire mon calcul de probabilités ; je ne dis pas qu'il aura plus, mais à coup sûr il aura tout autant de chances de réussir que le vôtre. Et d'abord j'écarte une foule de ces incidents inattendus dont je parlais tout à l'heure, et qui changeraient entièrement vos prévisions, tels que seraient, par exemple, une maladie, une blessure qui pourraient survenir à M. de Chateaubrun, peut-être amener sa conversion, ou tout au moins retarder l'instant où il pourrait rappeler sa fille auprès de lui.

— Ah ! ma cousine, quelle supposition faites-vous là ? J'aimerais mille fois mieux que ma fille fût exposée aux dangers dont je parlais tout à l'heure que de l'en savoir exemptée par un malheur arrivé à son père.

— Soit, je vous comprends et je vous approuve ; mais songez qu'ici je parle froidement, comme une personne désintéressée, d'un événement qui n'est que trop ordinaire quand on se trouve, comme M. de Chateaubrun, exposé aux chances de la guerre ; j'ai ajouté que cet événement pourrait amener sa conversion : cela n'a rien d'impossible, et l'on en voit de fréquents exemples dans l'histoire. Ce malheur alors tournerait en même temps à son bonheur et à celui de son enfant ; mais, encore une fois, laissons de côté ces suppositions toutes gratuites et qui sont puisées dans un ordre d'idées purement humaines; élevons-nous à des considérations plus hautes et plus propres à nous inspirer de la confiance.

« J'admets avec vous que M. de Chateaubrun revienne sain et sauf de ses campagnes, qu'il retire sa fille de notre maison, qu'il cherche à lui faire embrasser sa religion, qu'il veuille même lui faire épouser un gentilhomme protestant comme lui : voilà bien, j'espère, toutes les causes réunies pour produire ces terribles effets que vous redoutez pour votre enfant : eh bien, moi, je ne crois pas que ces effets, qui vous effraient tant, se réaliseraient; et voici sur quoi je fonde mon espérance, je dirais presque ma conviction.

« Votre fille a été marquée dès son enfance du sceau de la protection divine. Quand Dieu l'a sauvée de la maladie qui a emporté ses frères, c'est parce qu'il avait des vues sur elle. Vous-même, vous avez été un instant frappée de cette idée, ainsi que vous me l'avez fait connaître dans votre récit; mais vous ne vous êtes pas assez pénétrée de cette pensée : elle eût été pourtant une grande source de consolation pour vous. Oui, je le répète, Dieu a des desseins sur cette enfant; il ne l'a pas sauvée miraculeusement, il ne l'a pas conduite jusqu'ici comme par la main, pour l'abandonner ensuite à la merci de ses ennemis. Qui sait? peut-être est-elle appelée un jour à réaliser un des plus beaux projets de votre vie, celui de la conversion de son père. « Car souvent la bonté du
« Seigneur, dit saint Augustin, au lieu de nous accorder
« ce que nous souhaitons, nous donne quelque chose
« qui vaut mieux (1). »

---

(1) Saint Augustin, lettre à saint Paulin.

— O ma cousine, s'écria Mme de Chateaubrun en versant des larmes d'attendrissement, que vous me faites de bien en me parlant ainsi ! Chère Solange, quelles actions de grâces n'aurais-je pas à rendre à Dieu, s'il se servait de toi pour réunir un jour dans son sein le père, la mère et tous les enfants !

— Cette espérance, comme vous le voyez, n'est pas plus déraisonnable que vos craintes, et elle est plus consolante ; mais, sans nous y arrêter avec trop de complaisance, sans vouloir pénétrer le secret des desseins de Dieu sur votre fille, contentons-nous de cette pensée que je vous exprimais tout à l'heure, qu'il ne l'abandonnera pas, qu'il la soutiendra dans les périls, et qu'il l'en fera sortir triomphante. Oui, pauvre mère affligée, Dieu a vu vos larmes, il a entendu vos gémissements, il exaucera vos prières, et il vous donnera lui-même des consolations qui rempliront de joie votre cœur. Ce ne sont pas là de vaines conjectures ni des probabilités douteuses, car c'est lui-même qui a dit : « Bienheureux ceux qui « pleurent, car ils seront consolés ! »

— Merci, ma bonne cousine, merci des excellentes paroles que vous venez de me faire entendre ; elles causent à mon âme une satisfaction qu'elle n'a pas goûtée depuis longtemps. Oh ! si j'avais eu toujours auprès de moi une amie comme vous, pleine de foi, de douceur, de charité, mes peines eussent été allégées de moitié, et ma santé n'eût pas été si fort altérée. J'aurais peut-être vu ma Solange réaliser les espérances que vous venez de me faire concevoir pour elle ; mais à présent il est trop tard, et je n'ai plus qu'à me soumettre à la volonté de Dieu.

— Maintenant que vos peines sont un peu calmées sur

l'avenir de Solange, tâchez de vous occuper de votre état moins que vous ne le faites. L'idée fixe de votre mort prochaine aggrave votre mal; rejetez-la comme une mauvaise pensée. Cependant tenez-vous constamment prête à paraître devant Dieu, comme tout bon chrétien doit le faire. La pensée de la mort est sans doute une pensée salutaire, qui nous habitue à nous détacher de tout ce qui est terrestre et à ne songer qu'à l'éternité qui nous attend; mais il ne faut pas que cette pensée dégénère en une préoccupation de l'esprit capable d'influer sur notre santé; c'est en ce sens que je vous ai dit que c'était une mauvaise pensée. Nous ne devons ni désirer la mort ni la hâter; si nous sommes malades, nous devons faire usage des remèdes nécessaires à notre guérison ou à la prolongation de notre vie. Vous, ma cousine, votre corps est malade par suite des souffrances de votre âme; si votre âme était guérie, votre santé se rétablirait peut-être, ou du moins pourriez-vous prolonger longtemps encore votre existence, si précieuse pour votre enfant. Faites donc un effort de volonté pour dompter ces inquiétudes qui vous tourmentent sur un avenir que vous ne pouvez connaître; Dieu, soyez-en sûre, vous tiendra compte de cet effort; peut-être vous rendra-t-il la santé, s'il le juge convenable à votre salut et à celui de votre enfant: dans le cas contraire, soyez convaincue qu'il donnera à votre âme le calme nécessaire pour pouvoir envisager la mort sans effroi, et vous séparer sans trop d'amertume de celle pour qui seule vous désirez prolonger votre vie.

« En attendant, travaillons toutes ensemble à élever cette chère enfant dans la pratique du bien, dans l'amour de Dieu, dans l'horreur du péché; fortifions-la par de bons conseils, par une instruction solide, par des exemples salutaires, et ne nous tourmentons pas à l'avance des dangers peut-être imaginaires auxquels elle pourrait être un jour exposée. Sans doute elle aura des chagrins à endurer, des combats à livrer, des peines de toute nature à supporter; mais ce sont là les misères de la vie humaine, et vous ne prétendez pas que votre fille en soit plus exempte qu'un autre. Quand, par les moyens que je viens d'indiquer, vous l'aurez préparée à supporter chrétiennement ces misères, vous aurez accompli votre devoir envers votre enfant, et Dieu fera le reste. »

CHAPITRE VIII

Première communion de Solange. — Mort de Mme de Chateaubrun.

La dernière conversation de Mme de Chateaubrun avec l'abbesse avait ramené un peu de calme dans son esprit, et sa santé en éprouva quelque soulagement. Les symptômes qui avaient tant alarmé Mme de Mirebeau, sans disparaître entièrement, perdirent de leur gravité. Cependant l'abbesse n'était pas rassurée par cette apparente amélioration; les médecins commençaient eux-mêmes à s'inquiéter, et celui qui avait traité d'abord Mme de Chateaubrun de malade imaginaire, avoua que maintenant il la croyait attaquée de la poitrine, et que probablement elle mourrait à l'entrée de l'hiver, ou, comme on dit, à la chute des feuilles.

Sans regarder l'avis des médecins comme un oracle infaillible, elle songea sérieusement à préparer la mère et la fille à ce terrible événement. Une circonstance favorable se présentait pour l'aider dans cette tâche difficile. Il avait d'abord été convenu que Solange ferait sa première communion après les fêtes de Pâques de l'année suivante; mais son instruction était tellement avancée et sa piété si fervente, que l'abbesse jugea qu'il n'y aurait aucun inconvénient à l'initier un peu plus tôt à cet auguste mystère de notre sainte religion. Ainsi Mme de Chateaubrun pourrait encore être témoin de cette belle et touchante cérémonie, toujours si douce au cœur d'une mère. Madame l'abbesse espérait aussi que vers le même temps Solange recevrait le sacrement de confirmation. Sa mère éprouverait une douce consolation en pensant à l'abondance de grâces que ces deux sacrements auraient répandue sur sa fille, et à la force qu'elle y aurait puisée pour éviter les dangers qui l'effrayaient pour son avenir; et cette pensée seule contribuerait beaucoup à adoucir ses derniers moments.

D'un autre côté, Solange, qui ne se doutait pas de la perte cruelle dont elle était menacée, se préparait avec ferveur, et sans être distraite par des préoccupations étrangères, à l'acte important qu'elle allait faire, et, quand le malheur viendrait la frapper, elle serait plus forte pour le supporter.

Madame l'abbesse fit part de ces considérations à l'aumônier du couvent, spécialement chargé du catéchisme des jeunes pensionnaires; il approuva complétement les vues de l'abbesse; en conséquence, il fut convenu que Solange serait réunie aux jeunes personnes qui devaient faire cette année leur première communion, mais que cette cérémonie, qui d'ordinaire avait lieu dans l'octave de l'Ascension, serait reportée pour cette fois à l'octave de l'Assomption de la sainte Vierge, c'est-à-dire au 22 août suivant.

Toutes les prévisions de madame l'abbesse se réalisèrent, et même au delà. Quand elle fit part de ce projet à sa cousine, celle-ci l'en remercia avec les expressions de la plus vive reconnaissance. Nous n'avons pas besoin de dire que l'abbesse s'était bien gardée de lui faire connaître le véritable motif qui l'engageait à prendre cette détermination, ni l'arrêt de la faculté qui ne laissait à Mme de Chateaubrun que quelques mois à vivre ; mais celle-ci l'avait devinée, et, loin d'en paraître attristée, elle dit à sa cousine, avec une expression où se peignait une véritable joie intérieure :

« Vous avez prévenu le plus ardent de mes désirs ; oui, ma cousine, une des grâces que j'ai le plus souvent demandées à Dieu de m'accorder, ç'a été de vivre assez pour pouvoir assister à la première communion de ma fille ; si elle n'avait eu lieu que l'an prochain, il est probable que je n'aurais pas joui de ce bonheur. Grâce à vous, grâce à votre prévoyante amitié, je n'aurai pas, je l'espère, à éprouver une si pénible privation.

— C'est à Dieu seul, ma chère amie, reprit l'abbesse, que vous devrez cette faveur, et c'est lui seul, et non pas moi, qu'il faut remercier. N'ayez maintenant qu'une seule préoccupation, et que celle-ci fasse disparaître toutes les autres, c'est de prier Dieu qu'il rende votre fille digne de s'unir à lui. »

Solange, avertie par l'abbesse et par sa mère, éprouva d'abord un certain trouble en pensant que le grand jour après lequel elle aspirait depuis longtemps et qui lui paraissait si éloigné venait tout à coup de se rapprocher ; mais elle se remit promptement et ne songea plus qu'à s'y préparer. Elle redoubla de ferveur dans ses prières, d'attention pour les instructions du catéchisme, de docilité envers ses maîtresses, de complaisance et de douceur envers ses compagnes. Dans les moments qu'elle passait auprès de sa mère, leur seule conversation roulait sur le bonheur qu'on goûte à s'unir à Dieu dans le sacrement de l'Eucharistie. Tous les dimanches, et même quelquefois dans la semaine, Mme de Chateaubrun communiait avec une piété édifiante. Ces jours-là, Solange ne manquait pas de dire à sa mère :

« Oh! combien vous avez été heureuse aujourd'hui! Qu'il me tarde, chère maman, de goûter le même bonheur! »

Ces bonnes dispositions de sa fille comblaient de joie le cœur de Mme de Chateaubrun; elle ne négligeait rien pour l'y entretenir, et cette douce occupation lui faisait oublier ses souffrances physiques et morales.

Ces quatre à cinq mois passèrent pour elle avec une grande rapidité. Enfin le jour solennel arriva. Il avait été précédé d'une retraite pendant laquelle Solange n'avait pas vu sa mère; c'était la première fois qu'elle avait dû subir une telle privation. Dans toute autre circonstance, elle ne l'aurait supportée qu'avec tristesse; mais c'était la règle pendant la retraite, elle s'y soumit sans murmurer et avec une parfaite résignation. Le matin, quelques instants avant la cérémonie, Solange fut conduite auprès de sa mère pour lui demander sa bénédiction et le pardon des fautes qu'elle avait pu commettre envers elle. L'émotion de la fille était grande; mais qui pourrait peindre celle de la mère? En voyant à genoux devant elle son enfant bien-aimée, revêtue de la robe et la tête couverte du voile de l'innocence, son cœur se gonfla, de douces larmes inondèrent son visage; elle releva sa fille et la serra quelque temps dans ses bras sans pouvoir parler; enfin, surmontant son émotion, elle lui dit ces mots entrecoupés de soupirs : « Que Dieu te bénisse, mon enfant, comme je te bénis!... qu'il te pardonne comme je te pardonne!... Va en paix, mon enfant; prie pour ta mère comme je vais prier pour toi... »

Les cérémonies du culte catholique ont quelque chose de mystérieux, d'imposant, qui produit une vive impression sur les âmes les plus insensibles; mais, de toutes ces cérémonies, il n'en est point de plus touchante, de plus capable de remuer les cœurs les plus froids, que celle d'une première communion. Qui pourrait, en effet, contempler sans émotion cette troupe de jeunes filles agenouillées devant la table sainte, attendant, les yeux baissés et dans un profond recueillement, l'instant où elles recevront le pain des Anges? Ne sont-elles pas des anges elles-mêmes par leur innocence, dont elles portent le symbole d'une éclatante blancheur? par leur foi, dont le symbole aussi brille dans ces cierges allumés qu'elles tiennent à la main? Et ces cantiques sacrés que leurs voix si pures font entendre en se mêlant aux accords majestueux de l'orgue, ne vous donnent-ils pas quelque avant-goût des concerts célestes? Et ces flots d'encens qui s'élèvent vers la voûte sacrée; et cet autel, où l'or et les fleurs brillent à profusion; et ces prêtres au grave maintien, dont l'aspect vénérable suffirait pour annoncer le sublime ministère, sans qu'il fût besoin des riches ornements qui en sont les insignes; et cette assemblée de fidèles silencieux et recueillis : tout cet ensemble ne présente-t-il pas un spectacle qui n'a rien de terrestre et qui élève l'âme au-dessus d'elle-même?

Si un pareil spectacle suffit pour émouvoir même des

indifférents, quel effet ne produira-t-il pas sur ceux dont les enfants font partie de cette troupe d'élite pour qui l'Église déploie ses pompes les plus majestueuses en les conviant au banquet divin? Et s'il est parmi ces parents une mère qui se trouve dans une position analogue à celle de Mme de Chateaubrun, on comprendra mieux qu'on ne pourrait jamais exprimer l'impression profonde, indescriptible, qu'elle a dû ressentir. Aussi n'essaierons-nous pas de la peindre, et, pour en donner une idée, nous nous contenterons de répéter ces simples paroles qu'elle adressa à madame l'abbesse après la cérémonie :

« Je crois maintenant pouvoir me faire une idée du bonheur que Dieu réserve à ses élus. »

Solange aussi avait été bien heureuse, et elle sentait que le souvenir de cette journée ne s'effacerait jamais de son cœur. Avec quelle sincérité et quelle vivacité de foi elle renouvela les vœux qu'elle avait faits à son baptême ! Et quand tous les actes religieux de ce beau jour eurent été accomplis, avec quel empressement elle courut auprès de sa mère, avec quel redoublement de tendresse elle la serra dans ses bras !

Le lendemain, une autre cérémonie non moins imposante vint compléter en quelque sorte la solennité de la veille. Monseigneur l'archevêque de Tours vint administrer le sacrement de confirmation aux jeunes communiantes de l'abbaye de Beaumont. Solange reçut ce sacrement avec les mêmes dispositions qu'elle avait apportées à la réception de l'Eucharistie, et jamais les dons du Saint-Esprit ne descendirent sur une âme mieux préparée.

Quelques jours après cette double solennité, Mme de

Chateaubrun, en s'entretenant avec l'abbesse du bonheur qu'elle avait goûté, des espérances qu'elle avait conçues, lui dit tout à coup : « Tenez, ma cousine, il faut que je vous fasse part d'une idée qui m'est venue, laquelle, si elle se réalisait, simplifierait bien des choses, et mettrait à jamais ma fille à l'abri des craintes que je vous ai tant de fois manifestées pour elle, craintes qui, malgré les efforts que je fais pour les éloigner de mon esprit, reviennent encore l'assaillir trop souvent. En voyant la piété, l'innocence de Solange, en remarquant son attachement pour vous, pour toutes vos religieuses, pour ses compagnes, la facilité avec laquelle elle suit la règle qui lui est imposée, le bonheur enfin dont elle jouit dans cette maison, ainsi qu'elle ne cesse de me le répéter tous les jours, je me disais en moi-même : Ne serait-ce pas bien heureux si cette pauvre enfant pouvait ne jamais quitter cette maison ; si, après y avoir reçu une éducation vraiment chrétienne, elle finissait par y consacrer à Dieu le reste de sa vie sous cet habit de religieuse, qui vous met à l'abri des dangers et des séductions du monde? Plus de crainte alors qu'elle fût tourmentée par son père au sujet de sa religion, ou qu'elle eût jamais à souffrir les peines affreuses que j'ai endurées par suite de mon mariage avec un homme qui n'appartenait pas à la mienne. Ne serait-ce pas là, chère cousine, l'accomplissement de ces desseins que Dieu, me disiez-vous, a formés sur ma fille? Oh! si cela était, combien je serais heureuse d'en emporter l'espérance dans la tombe!... Promettez-moi au moins, ma chère amie, que vous ferez tout ce qui dépendra de vous pour réaliser un jour ce dernier vœu de mon cœur.

— Ce que vous venez de me dire, ma cousine, répondit l'abbesse, est très-grave, et demande de sérieuses réflexions. Tout ce que je puis vous promettre, c'est non-seulement de ne rien faire pour empêcher l'accomplissement de votre désir, mais de le seconder de tout mon pouvoir, si la vocation de Solange l'appelle sérieusement à renoncer au monde et à embrasser la vie religieuse ; mais il ne faut pas prendre pour des signes d'une vocation sérieuse ces marques de ferveur et de piété d'une enfant de dix ans. Sans doute elle restera toujours pieuse et fervente, elle sera toujours fidèle à Dieu et aux promesses qu'elle lui a faites en s'unissant pour la première fois à lui ; voilà ce que nous devons espérer et désirer de tout notre cœur ; mais il y a loin de là à vouloir déterminer sa vocation, et décider dès à présent si elle sera un jour religieuse, ou si elle se mariera. Dans l'un ou l'autre état on peut faire son salut, comme dans l'un et l'autre on peut se perdre, si l'on y est entré contre la volonté de Dieu.

— Je le sais, ma cousine, reprit la comtesse ; aussi ce n'est qu'un désir que j'ai formé, et qui me semblait tout naturel.

— Sans doute ce désir n'a rien de blâmable en soi ; mais, avant de nous y arrêter, de le caresser, de le transformer en espérance qui préoccupe notre esprit, il est nécessaire de réfléchir aux obstacles qui peuvent s'opposer à sa réalisation. Ainsi il y a d'abord la vocation, dont je viens de parler, qui pourrait être contraire à ce que nous rêvons pour Solange ; puis il y a d'autres obstacles dont il faut tenir compte. Solange est fille unique, héritière d'une grande fortune : est-il probable que son père consente à la voir renoncer aux avantages que peuvent lui procurer dans le monde sa naissance et ses

richesses? Cela serait douteux, quand même il serait
catholique, et même bon catholique; mais il est protestant, ennemi de tout ce qui tient à la vie monastique. Il
est donc certain qu'il fera tous ses efforts pour empêcher
sa fille d'embrasser un état si contraire à ses principes
religieux, à son orgueil de gentilhomme et à ses intérêts
temporels. Vous me dites que c'est là peut-être ce que
Dieu dans ses desseins a résolu pour votre enfant : oh!
s'il en est ainsi, ne nous en tourmentons pas; nous n'aurons besoin ni d'exciter sa vocation ni de nous inquiéter
des obstacles, de quelque nature qu'ils soient, qui cher-
cheraient à l'entraver : Dieu saura bien aplanir toutes les
difficultés. Enfin, pour résumer ce que je vous ai dit sur
ce sujet, rappelez-vous, ma chère cousine, les consolations abondantes que Dieu vient de répandre dans votre
cœur; vous devez être pénétrée maintenant plus que jamais des bontés de Dieu; vous devez être convaincue
qu'il n'abandonnera pas votre enfant, qu'il a sur elle
des vues particulières, qu'elles s'accompliront dans le
temps et de la manière que sa providence l'a résolu ;
mais qu'il serait téméraire de vouloir pénétrer ses se-
crets, et de lui tracer en quelque sorte la manière dont
nous entendons que ses desseins s'accomplissent. Du
reste, je vous répète ce que je vous ai dit en commençant : si Solange est réellement appelée un jour à la vie
religieuse, elle trouvera toujours en moi une amie, une
mère dévouée, qui éclairera ses premiers pas, et la diri-
gera dans une carrière bien plus pénible qu'elle ne vous
le paraît peut-être. Jusque-là mettons cette pensée avec
toutes les autres qui ont déjà traversé notre cerveau au
sujet de cette enfant ; réunissons-les toutes ensemble,
portons-les au pied de la croix, et ne nous en préoccu-

pons plus. Dieu saura bien choisir dans le nombre celle qui lui conviendra le mieux ; ou, s'il n'en trouve point à son gré, c'est qu'il en aura lui-même adopté une qui vaudra mieux que toutes les nôtres.

— Vous avez toujours raison, ma chère amie, et je sens combien vous l'emportez sur moi en prévoyance, en sagesse, en soumission à la volonté de Dieu. Je ne sais pas comment vous faites, mais vous parvenez sans peine à me faire adopter votre manière de voir, et à m'arrêter au milieu des entraînements de mon imagination.

— Le moyen que j'emploie est fort simple : je sais que je parle à une personne raisonnable et pieuse, je lui tiens le langage de la raison et de la religion, et je suis toujours sûre de me faire entendre. »

C'était là, en effet, tout le secret de madame l'abbesse quand elle voulait calmer l'exaltation qui s'emparait souvent de l'esprit de Mme de Chateaubrun. Elle pensait que ce moyen était plus convenable et surtout plus efficace que d'entrer, comme beaucoup de personnes le font, dans les idées des malades, et de les flatter, de peur de leur causer quelque contrariété. Outre que ce mode eût été contraire à la dignité et à la franchise de son caractère, elle le regardait comme plus propre à entretenir la surexcitation d'un esprit malade qu'à la calmer. Ajoutons que, si ses conseils étaient toujours exempts de flatterie, ils étaient aussi empreints des sentiments d'une véritable amitié et d'un dévouement sans bornes. Aussi madame l'abbesse était parvenue à gagner l'entière confiance de son amie, et à procurer à cette âme, si longtemps agitée, un repos qu'elle avait perdu depuis bien longtemps.

Deux mois s'écoulèrent sans incident nouveau; mais,

vers la fin d'octobre, la maladie de Mme de Chateaubrun, qui depuis longtemps semblait rester stationnaire, prit tout à coup un caractère alarmant. La fièvre ne la quitta plus, la toux devint plus fréquente, et des sueurs abondantes l'affaiblirent au point qu'elle fut bientôt forcée de garder le lit continuellement.

Solange commença à s'inquiéter vivement de l'état de sa mère, sans toutefois en comprendre encore toute la gravité.

« O mon Dieu! ne cessait-elle de répéter dans ses prières, rendez la santé à ma mère, ou faites-moi partager ses souffrances! »

Cependant la malade s'affaiblissait de plus en plus. Elle comprit bientôt qu'elle n'avait que peu de jours à vivre, et elle voulut que sa fille fût préparée à cet événement, qui sans cette précaution pourrait lui causer une révolution dangereuse. Le lendemain elle devait recevoir la communion en viatique; elle désira que cette cérémonie se fît avec le plus de pompe possible, et que sa fille en fût témoin. Madame l'abbesse se chargea d'annoncer cette triste nouvelle à Solange; elle le fit en ces termes :

« Ma fille, votre mère avait chaque semaine la bonne habitude de s'approcher de la sainte table; aujourd'hui ses forces ne lui permettent pas de venir recevoir son Dieu au pied des autels : eh bien, ce Dieu si bon va lui-même aller tout à l'heure la visiter et se donner à elle.

— Vous dites que c'est aujourd'hui, ma tante, dit Solange avec un étonnement mêlé d'inquiétude ; mais il est quatre heures du soir, maman n'est certainement pas à jeun, et comment pourrait-elle communier à présent ?

— Ma fille, l'Église permet aux malades, dans certaines circonstances, de communier à toute heure de la journée et de la nuit, même après avoir pris des aliments.

— Mais, ma tante, s'écria Solange effrayée, j'ai appris cela dans mon catéchisme ; mais c'est la communion en viatique, et on ne l'administre ainsi qu'aux malades qui sont en danger de mort... O mon Dieu, ayez pitié de moi ! Ma tante, je vous en conjure, dites-le-moi, serait-il vrai que ma pauvre mère... O mon Dieu, mon Dieu ! je n'ose pas y penser... »

Ici les sanglots et les larmes interrompirent la voix de la pauvre enfant. Mme de Mirebeau, vivement émue elle-même, la laissa quelque temps donner cours à sa douleur ; puis, lui prenant les mains avec affection :

« Allons, mon enfant, dit-elle, tâchez de vous calmer ; votre mère désire que vous assistiez à cette cérémonie, n'allez pas la troubler par les éclats de votre douleur. Songez que vous augmenteriez le mal de votre mère ; cette considération seule doit vous suffire.

— Oh ! oui, ma tante, elle suffira, interrompit Solange ; mais je vous en conjure, ne me cachez rien, n'y a-t-il donc plus d'espoir pour ma pauvre mère ?

— Vous savez, ma fille, que je n'ai pas pour habitude de rien dissimuler, quand même mes paroles pourraient affliger ceux à qui je dois la vérité. Votre mère est atteinte d'une maladie extrêmement grave, qui peut d'un moment à l'autre la conduire au tombeau. Elle-même depuis longtemps connaît son état, et, si elle n'a pas voulu vous en instruire plus tôt, c'était pour ne pas vous affliger trop longtemps d'avance ; c'était surtout pour vous laisser vous préparer sans distraction à faire votre première communion, et pour que vous puisiez dans ce sacrement la force nécessaire pour supporter courageusement et chrétiennement cette pénible séparation. C'est là aussi qu'elle a puisé elle-même les forces dont elle avait plus besoin que vous encore pour endurer avec résignation toutes les souffrances de l'âme et du corps auxquelles elle a été depuis si longtemps en proie. Montrez-vous digne d'une telle mère, en imitant son courage et en tâchant de lui adoucir autant qu'il sera en vous les derniers instants qu'elle a à passer sur cette terre. Maintenant, ma fille, allons à l'église prier pour votre mère jusqu'au moment où l'on viendra chercher le saint Sacrement pour le lui porter. »

Solange suivit sa tante en étouffant ses sanglots. La prière soulagea son cœur, et, quand elle se rendit, à la suite du saint Sacrement, dans la chambre de sa mère, son visage ne portait plus que les traces d'une douleur profonde, mais calme. Elle resta agenouillée au pied du lit de sa mère pendant toute la cérémonie. Quand elle fut terminée, Mme de Chateaubrun se recueillit pendant quelques minutes pour s'entretenir avec Dieu et lui rendre ses actions de grâces. Puis elle appela sa fille, qui, en entendant cette voix bien-aimée, saisit une des mains de la malade et la pressa sur ses lèvres en la mouillant de larmes.

« Relève-toi, Solange, dit Mme de Chateaubrun d'une voix faible, mais nette; nous allons bientôt nous séparer, mon enfant, mais ce ne sera pas pour toujours, car le moment viendra, je l'espère, où nous nous réunirons pour l'éternité, et nous n'aurons plus alors ni la crainte ni la douleur de nous séparer. En attendant, et pour le temps que tu auras à passer sur cette terre, je voudrais te donner des conseils propres à te guider dans toutes les circonstances où tu te trouveras placée; mais je n'en ai pas la force ni le talent. Je te laisse une seconde mère, qui veut bien se charger de me remplacer, et qui est bien plus capable de te diriger que je ne le pourrais faire moi-même.

« Ma cousine, continua la malade en s'adressant à l'abbesse, vous avez entendu ce que je viens de dire à Solange : puis-je ajouter, comme autrefois le Sauveur sur la croix : Femme, voilà votre fille; ma fille, voilà votre mère?

— Vous le pouvez sans crainte, répondit l'abbesse; je prends ici l'engagement solennel de regarder votre fille comme mon enfant.

— Et toi, ma fille, reprit Mme de Chateaubrun, promets-tu de regarder madame l'abbesse comme ta mère?

— Oui, maman, dit Solange d'une voix faible et étouffée par les sanglots..., je vous le promets.

— Bien, mon enfant, maintenant je puis attendre en paix le moment où il plaira au Seigneur de me rappeler à lui... Écoute pourtant encore une dernière recommandation : il est possible que ton père te fasse quitter ce couvent pour venir auprès de lui; tu te trouveras alors éloignée de ta bonne tante; mais n'oublie pas les avis qu'elle te donnera avant de se séparer de toi... Consulte-la toujours dans les graves circonstances de ta vie, de vive voix, s'il est possible; par correspondance, si tu ne peux faire autrement. Pour ce qui a rapport à la religion surtout, suis ses avis avant ceux de toute autre personne, même avant ceux de ton père; quant à lui, souviens-toi, comme je te l'ai toujours répété, de l'aimer, de le respecter et de lui obéir en tout, excepté en ce qu'il pour-

rait te commander de contraire à la foi catholique...
Maintenant reçois ma bénédiction, embrasse-moi et
laisse-moi seule m'entretenir avec Dieu.

— O ma bonne mère, soupira Solange en l'embrassant, pourquoi voulez-vous m'éloigner de vous? J'aurais tant désiré veiller cette nuit auprès de vous!

— Non, mon enfant; cela me contrarierait, cela nuirait à ta santé. Demain tu pourras venir me voir d'aussi grand matin que tu le désireras... Bonsoir donc, mon enfant, à demain... »

Et de ses bras amaigris elle serra encore une fois contre son cœur cette fille si chérie. Solange n'insista pas, dans la crainte de déplaire à sa mère; la tête baissée, la poitrine soulevée par de longs soupirs, elle regagna son dortoir, soutenue par une sœur converse, qui l'aida à se déshabiller et à se coucher, car elle n'en aurait pas eu la force. Elle passa une partie de la nuit à prier et à pleurer. Vers le matin, la nature l'emporta, et elle s'endormit d'un profond sommeil.

Quand Solange eut quitté la chambre de sa mère, Mme de Chateaubrun, comme accablée sous l'effort qu'elle venait de faire, était restée quelque temps immobile et silencieuse. Madame l'abbesse priait, agenouillée auprès du lit. Bientôt la malade fit signe à sa cousine qu'elle désirait lui parler. L'abbesse s'approcha tout près de son oreiller, et encore elle eut peine à entendre ces paroles, tant sa voix était faible :

« Ma cousine, je sens la vie m'échapper... L'effort que j'ai fait tout à l'heure a épuisé mes forces... Il est temps que je reçoive le sacrement de l'extrême-onction... Veuillez, je vous prie, donner des ordres en conséquence... »

L'abbesse envoya aussitôt une des sœurs converses qui l'accompagnaient prévenir le prêtre qui avait donné le viatique à sa cousine, que celle-ci désirait recevoir les saintes huiles, tandis qu'une autre sœur disposait tout dans la chambre pour cette cérémonie. Pendant ces préparatifs, Mme de Chateaubrun fit un nouveau signe à l'abbesse, qui s'approcha aussitôt pour l'écouter.

« Encore un mot, ma cousine, sur les choses de ce monde, puis je ne m'occuperai plus que des choses du ciel... Vous avez entendu que j'ai dit à Solange d'obéir en tout à son père, excepté en ce qui concerne la foi... C'est la première fois que j'ai fait allusion devant elle à la religion de son père... Elle ignore encore que l'auteur de ses jours a eu le malheur de tomber dans l'hérésie. Je me réservais de ne le lui apprendre que le plus tard possible... C'est vous, ma bonne cousine, qui vous chargerez de cette pénible commission. Je n'ai pas besoin de vous recommander de le faire avec prudence, avec ménagement, de manière à n'affaiblir en rien les sentiments qu'un enfant doit conserver pour son père.

— Soyez tranquille, ma chère amie, vos intentions seront remplies du mieux qu'il me sera possible.

— J'en suis persuadée. Encore un dernier mot. Cette pauvre enfant, à qui j'avais laissé entrevoir l'espoir de la revoir demain, hélas! je ne la reverrai pas... Elle va être cruellement désolée. Je compte sur vous pour que vous la consoliez, et que vous commenciez par là les fonctions maternelles que vous vous êtes chargée de remplir envers elle... Aimez-la bien... c'était le plus cher trésor que j'avais en ce monde... Je vous le lègue par mon testament de mort.

— Et moi, j'accepte ce legs, et je promets de veiller

sur ce trésor comme vous y auriez veillé vous-même. »

L'abbesse achevait à peine ces paroles que le prêtre entra, portant les saintes huiles. La malade parut un instant se ranimer pour écouter la touchante exhortation qu'il lui adressa. Elle répondit distinctement, quoique d'une voix faible, aux prières des agonisants. Elle passa le reste de la nuit dans une espèce d'assoupissement léthargique. Vers le matin elle se réveilla, et prononça ces mots à haute voix :

« Mon Dieu, je remets mon âme entre vos mains! »

Puis on entendit encore les noms de Jésus, de Marie, de Solange, qu'elle entremêla pendant quelque temps; enfin, sans avoir éprouvé les douleurs de l'agonie, et comme une lampe qui s'éteint par défaut d'huile pour alimenter sa flamme, elle exhala son dernier soupir.

C'était l'heure où Solange, accablée de douleur et de fatigue, venait de succomber au sommeil. Un rêve heureux lui faisait oublier toutes ses peines. Elle voyait sa mère, non plus accablée par la souffrance et les traits changés par l'approche de la mort, mais rayonnante de santé et dans tout l'éclat de la jeunesse et de la beauté. Elle regardait sa fille en souriant, et lui tendait les bras, comme si elle eût voulu l'attirer à elle. Solange faisait des efforts pour s'élancer dans les bras de sa mère, mais une force inconnue la retenait enchaînée à sa place; cependant sa mère s'éloignait, en lui répétant les derniers mots qu'elle lui avait adressés : « Au revoir, mon enfant; à demain. » Puis elle disparut dans un nuage brillant...

Solange s'éveilla, et en ouvrant les yeux elle aperçut madame l'abbesse qui depuis quelques instants se tenait auprès de son lit, attendant son réveil.

« Bonjour, mon enfant; le sommeil paraît vous avoir

fait du bien ; vous souriiez tout à l'heure comme si vous eussiez été bercée par un songe agréable.

— Oh! oui, ma tante, » dit gaiement Solange; et encore tout entière sous l'impression de son rêve, elle le raconta à sa tante jusque dans les moindres détails.

L'abbesse l'écouta en souriant tristement. Alors Solange, qui n'avait pas songé d'abord à la présence inaccoutumée de l'abbesse dans le dortoir des pensionnaires, revenue tout à coup au sentiment de la réalité, s'écria avec inquiétude :

« Mais, ma tante, comment se fait-il que vous soyez ici ce matin? Venez-vous me chercher pour aller voir maman? Comment va t-elle aujourd'hui?

— Mon enfant, reprit l'abbesse, je ne crois pas aux rêves, et en général on ne doit pas y croire non plus. Cependant il arrive quelquefois que Dieu daigne nous donner en songe des avertissements salutaires, et je crois que c'en est un de cette nature qu'il a bien voulu vous envoyer pour vous consoler, en vous annonçant que votre mère était désormais délivrée de ses souffrances, qu'elle avait commencé une vie nouvelle et bienheureuse, où elle vous attendait et vous donnait rendez-vous pour le lendemain de votre vie terrestre...

— Que voulez-vous dire, ô mon Dieu! s'écria Solange éperdue : est-ce que ma mère est morte?

— Oui, mon enfant, et j'étais venue vous apprendre cette triste nouvelle; mais le bon Dieu m'avait prévenue, et il l'a fait d'une manière bien plus consolante que je n'aurais pu le faire moi-même. »

Solange n'en entendit pas davantage; elle éclata en sanglots et en gémissements qui ne se calmaient que pour recommencer avec une nouvelle intensité.

Madame l'abbesse chargea une des mères, aidée d'une sœur converse, de veiller sur elle, et de l'amener chez elle quand ces premières explosions de douleur seraient apaisées.

CHAPITRE IX

M. de Chateaubrun annonce son retour.

Nous allons passer rapidement sur les trois à quatre années qui suivirent la mort de Mme de Chateaubrun, et qui n'offrent que peu d'événements intéressants pour nos lecteurs.

Nous avons vu combien cette mort avait profondément affecté sa fille; mais les plus grandes douleurs, à cet âge surtout, ne sont pas de longue durée. Nous ne voulons pas dire que Solange se consola facilement de la perte qu'elle venait de faire; mais le temps, et surtout l'affection toujours croissante que lui témoignait sa tante, ainsi que toutes les personnes de la maison, affaiblirent peu à peu ce que cette perte avait de trop poignant, pour ne laisser de place qu'à un souvenir triste et doux de cette mère si tendrement aimée. Sa gaieté même reparut : non cette gaieté folâtre qu'elle avait à son arrivée au couvent, mais une gaieté douce et calme, qui annonce la sérénité de l'âme, et qui s'allie souvent avec une certaine mélancolie.

Quelques mois après la mort de sa mère, Solange reçut de son père une lettre qu'il lui écrivait à l'occasion de cet événement. Il exprimait la douleur qu'il avait ressentie en apprenant la mort d'une épouse bien-aimée; il regrettait de n'avoir pas été auprès de sa fille pour mêler ses larmes aux siennes et lui offrir les consolations que son cœur paternel se serait efforcé de lui donner. Son plus grand désir maintenant était de revoir et d'embrasser son enfant, et de lui prouver que sa tendresse pour elle était à l'unisson de celle que lui portait sa mère.

Madame l'abbesse avait reçu aussi de M. de Chateaubrun une lettre dans laquelle était incluse celle adressée à Solange. Il remerciait avec effusion Mme de Mirebeau des soins qu'elle avait donnés à sa femme et à son enfant; il la priait de les continuer à celle-ci jusqu'à ce que les circonstances lui permissent de lui ôter cette charge et de lui témoigner toute sa reconnaissance.

Solange fut vivement touchée des marques d'affection que lui donnait son père. Elle éprouva dès lors un grand désir de le revoir, et elle le lui témoigna dans la réponse qu'elle lui adressa, et que madame l'abbesse se chargea de lui faire parvenir. Celle-ci de son côté fut très-contente des dispositions de M. de Chateaubrun. Elle prévoyait bien que les *circonstances* dont il parlait ne lui permettraient pas de sitôt de retirer sa fille du couvent, et elle profiterait de ce délai pour achever l'instruction de Solange et la mettre en état de résister aux tentatives qu'on pourrait faire pour ébranler sa foi. Ce fut donc vers ce but qu'elle dirigea tous ses efforts, et elle fut parfaitement secondée par la docilité et les heureuses dispositions de Solange.

Le nouveau plan d'éducation tracé par madame l'abbesse, dont nous avons déjà entretenu nos lecteurs dans un des précédents chapitres, comprenait un cours d'instruction religieuse beaucoup plus étendu et plus complet que celui qu'on fait aux enfants pour les préparer à leur première communion. C'était à peu près ce qui se pratique aujourd'hui dans un grand nombre de paroisses sous le nom de catéchisme de persévérance. Ce cours était destiné spécialement aux jeunes personnes qui avaient fait leur première communion; elles commençaient quelque temps après, et le continuaient jusqu'à la fin de leur éducation; il était fait dans l'église du couvent par des ecclésiastiques instruits et zélés qui savaient se mettre à la portée de leur jeune auditoire. Les maîtresses, dans les classes, faisaient ensuite une conférence avec les élèves sur le sujet qui avait été traité par les ecclésiastiques. Madame l'abbesse assistait souvent à ces exercices, et toujours elle interrogeait quelques élèves sur l'objet de la conférence, pour s'assurer si elles avaient bien compris les explications qui leur avaient été données.

Solange se faisait surtout remarquer dans ces sortes d'exercices. Plus d'une fois elle étonna ses maîtresses et madame l'abbesse elle-même par des réflexions au-dessus de son âge, et par des réponses qui révélaient une justesse d'esprit extraordinaire dans ses appréciations et dans ses jugements.

Pendant que les facultés intellectuelles de Solange prenaient ainsi du développement, et que par de bons exemples et de salutaires conseils son âme se fortifiait dans la vertu, son corps aussi grandissait et prenait de la force; sa taille s'élevait, les traits de son visage se formaient, et à treize ans on lui en eût donné quinze. Elle était déjà d'une beauté remarquable, et l'on voyait que cette beauté n'était pas encore arrivée à tout son éclat. Ceux qui avaient connu sa mère dans sa jeunesse retrouvaient beaucoup de ses traits sur la figure de sa fille; même coupe de visage, même délicatesse dans les contours de la bouche, même sourire gracieux et fin; quand elle parlait, c'était le même son de voix; mais son front était plus large que celui de sa mère; ses yeux étaient noirs, tandis que ceux de Mme de Chateaubrun étaient bleus. Solange les tenait habituellement baissés modestement comme sa mère; mais si elle s'animait, sa paupière se soulevait et ses yeux lançaient des éclairs; c'était alors le regard de son père, car elle avait les yeux et le front de cette fière race des Chateaubrun ou des Montmorency. On pouvait prévoir alors que si un jour quelque chose faisait obstacle à sa volonté, elle serait moins disposée que sa mère à se soumettre avec résignation.

L'abbesse, qui aimait cette enfant avec toute la tendresse d'une mère, mais sans aveuglement, avait remarqué cette tendance du caractère de sa pupille; elle avait aussi observé en elle une certaine fierté qui pourrait, si elle n'était contenue dans de justes bornes, dégénérer en orgueil, et enfin un penchant à la raillerie qui n'était encore, il est vrai, qu'un léger travers de son esprit doué d'une finesse exquise, et qui n'altérait pas les excellentes qualités de son cœur. Comme ces défauts n'avaient au fond rien de grave, elle ne s'en alarma pas trop, et pensa qu'il suffirait, pour l'en corriger, de lui faire voir les inconvénients et les dangers auxquels ils l'entraîneraient si elle s'y abandonnait. C'était dans des conversations intimes et presque journalières que l'abbesse donnait à sa fille adoptive ces avertissements salutaires ; et celle-ci les écoutait avec d'autant plus d'attention et de profit, qu'ils n'avaient pas la forme de remontrances, et qu'elle se trouvait souvent elle-même forcée de convenir de ses torts.

Ainsi, elle lui fit comprendre parfaitement qu'elle devait éviter avec soin de s'emporter contre tout obstacle qui résisterait à sa volonté ; car si l'obstacle était de sa nature insurmontable, l'emportement serait ridicule et tiendrait de la folie ; s'il était le résultat d'une volonté supérieure à la sienne et à laquelle elle devrait obéissance, son devoir était de se soumettre et de se résigner, à moins toutefois que cette volonté supérieure ne lui ordonnât des choses contraires à la religion et à sa conscience ; alors elle devait résister avec fermeté, mais toujours sans emportement et sans passion.

Elle lui expliquait la différence qu'il y a entre une certaine fierté arrogante qui caractérise souvent les parvenus et même bon nombre de personnes d'une haute naissance, et cette fierté noble, ou plutôt, pour lui donner son véritable nom, cette dignité qui convient à toute personne bien élevée, et surtout aux femmes, quel que soit d'ailleurs le rang où la Providence les ait fait naître. Cette dignité dans le caractère, dans le maintien, dans le langage, peut s'allier parfaitement avec l'humilité chrétienne, tandis que la fierté en est l'opposé : l'une est donc une qualité, et l'autre un défaut.

Le penchant à la raillerie, trop ordinaire aux jeunes personnes, peut avoir de graves inconvénients pour celles qui s'y livrent avec trop d'entraînement. Sans doute on peut quelquefois se permettre une plaisanterie délicate, qui ne blesse personne et ne passe pas les bornes des convenances; mais la pente est glissante, et il est facile de se laisser aller à la propension de son esprit, quand on entend éclater autour de soi les rires et les applaudissements excités par nos saillies. Et compte-t-on pour rien les amours-propres blessés, les haines soulevées souvent par une moquerie caustique? Pense-t-on que pour la plupart du temps ceux qui rient tout haut de la verve piquante de cette jeune personne, se disent tout bas : Qu'elle est méchante! L'habitude du persiflage n'annonce même pas toujours de l'esprit dans celle qui s'y livre, mais elle dénote toujours un mauvais cœur.

Tel est le résumé succinct des conversations de l'abbesse avec Solange. Il peut nous donner une idée des soins qu'elle apportait à l'éducation et à l'instruction de son élève, et comment elle remplissait les promesses faites à sa mère mourante.

Mme de Mirebeau avait craint d'abord que le père de Solange ne la retirât trop tôt de ses mains; mais en voyant s'écouler les mois et les années sans qu'il manifestât de nouveau l'intention de *lui ôter cette charge*, comme il disait dans la lettre que nous avons citée, elle finit par croire qu'il avait changé d'avis, et que peut-être Solange resterait avec elle jusqu'à ce qu'elle eût atteint l'âge d'embrasser l'état auquel sa vocation l'appellerait. Ainsi se serait accompli un des vœux les plus ardents de son amie. Mais tandis qu'elle se berçait de cette espérance, une lettre de M. le comte de Chateaubrun vint tout à coup la faire évanouir. Il annonçait formellement à madame l'abbesse son arrivée à Tours dans le courant du mois prochain, et son intention de retirer Solange du couvent et de la remettre entre les mains de sa sœur, Mme la baronne de Froissac, qui se chargerait d'achever l'éducation de Solange et de la présenter dans le monde, où l'appelaient et sa naissance et sa fortune.

Cette lettre causa à Mme de Mirebeau une profonde émotion. Elle s'était sérieusement attachée à Solange, et l'idée d'une prochaine séparation lui brisait le cœur plus qu'elle ne s'y serait attendue; mais elle réprima bientôt ce premier mouvement, comme contraire aux devoirs d'une religieuse consacrée tout entière à Dieu, et qui doit défendre son cœur d'un attachement trop vif pour les créatures. Après une courte prière, dans laquelle elle demanda pardon à Dieu d'avoir peut-être trop aimé Solange pour sa propre satisfaction, tandis qu'elle ne devait l'aimer que comme sa mère spirituelle, en vue de Dieu et pour Dieu, elle se sentit la force d'achever la tâche qui lui restait à remplir. Elle fit aussitôt appeler Solange auprès d'elle.

« Ma fille, lui dit-elle dès qu'elle fut entrée, j'ai une grande nouvelle à vous annoncer. Votre père va venir vous chercher pour vous emmener avec lui et vous confier à sa sœur, votre tante, Mme la baronne de Froissac, qui doit achever votre éducation.

— O mon Dieu, quel bonheur! je vais embrasser mon père! s'écria Solange dans un premier élan de joie. Mais, reprit-elle après une pause, vous dites qu'il va me confier à Mme de Froissac pour achever mon éducation?

— Oui, ma fille : c'est ce que vous pouvez voir par la lettre qu'il m'écrit, reprit l'abbesse en tendant à Solange la lettre de son père.

— Dans le courant du mois de mai prochain, continua Solange après avoir lu ; mais c'est dans un mois, peut-être plus tôt... Et pourquoi veut-il que ma tante de Froissac, que je ne connais pas du tout, achève mon éducation ? Ne ferait-il pas tout aussi bien de me laisser ici l'achever auprès de vous, qui avez toujours été si excellente pour moi ; de vous, que je me suis si facilement habituée à regarder comme une seconde mère ; auprès de mes compagnes, qui m'aiment et que j'aime tant, et auprès de toutes ces dames, qui se sont toujours montrées si bonnes envers moi ? Oh ! sans doute, mon père ne sait pas tout cela, ou n'y a pas réfléchi ; et quand je le lui aurai dit, je pense bien qu'il ne me contrariera pas et qu'il me laissera auprès de vous... Encore s'il s'agissait de m'emmener avec lui, de m'avoir sous ses yeux, je le comprendrais, et cette idée me sourirait assez ; mais me séparer encore de lui pour m'envoyer avec une personne que je ne connais pas, qui peut-être ne m'aimera pas, et qui à coup sûr ne m'aimera pas autant que vous : en vérité, je le répète, mon père n'a pas réfléchi à tout cela, et, quand je le verrai, j'espère bien le faire revenir sur sa décision.

— Je crois bien, reprit Mme de Mirebeau, qui avait écouté en souriant tristement le babil de Solange ; je crains que ce ne soit vous, ma chère enfant, qui n'ayez pas réfléchi. D'abord je vous ferai observer que votre père est d'un âge et d'un caractère à ne rien faire sans réflexion, et qu'il n'est ni convenable ni respectueux à une petite fille de votre âge de faire gratuitement une supposition de cette nature.

— Cela est vrai, ma tante, j'ai tort : mais que voulez-vous, ma mauvaise tête m'emporte souvent malgré moi, et me fait dire des choses qui exagèrent ma pensée ou qui la dénaturent. Tout ce que je voulais dire seulement, c'est que mon père ignore les avantages que je trouve dans votre maison pour mon instruction : il ignore les rapports qui me lient avec vous par suite des dernières volontés mêmes de ma mère; il ignore combien je vous suis attachée, et toutes les preuves d'affection que j'ai reçues de vous et de toutes les personnes de ce couvent; et je supposais que quand il aurait été instruit de toutes ces choses, quand il me verrait si affligée de cette séparation, lui qui m'aime tendrement, lui qui ne veut que mon bien, il consentirait à me laisser ici, bien convaincu que mon éducation peut y être parfaitement complétée, surtout sous le rapport de mon instruction religieuse.

— Et c'est là précisément, mon enfant, où votre sagacité est en défaut. Quand même votre père serait instruit de toutes les particularités dont vous venez de parler, particularités que du reste il connaît déjà ou qu'il soupçonne en partie, il ne changerait pas pour cela sa résolution. Vous avez vu par sa lettre que votre tante de Froissac est chargée de vous présenter dans le monde et probablement à la cour, où elle a brillé elle-même fort longtemps. Peut-être votre père a-t-il l'intention de vous placer auprès de la reine Catherine de Médicis, ou auprès d'une des princesses ses filles; ce n'est qu'une supposition, mais ce qui paraît certain, c'est qu'il veut vous pousser dans les hautes régions du monde, où votre naissance vous donne droit d'arriver ; et vous comprenez que ce n'est pas au couvent qu'on apprend les usages du monde et de la cour, ni les graves futilités que, dans notre ignorance de recluses, nous traitons de vanités mondaines, mais qui sont le complément nécessaire, indispensable, de l'éducation d'une jeune personne qui doit briller et tenir un rang dans la haute société. »

Solange resta un instant silencieuse quand l'abbesse eut cessé de parler. Cette idée de paraître à la cour, d'approcher des princesses et des premiers personnages du royaume, lui causa une espèce d'éblouissement. Puis, se remettant peu à peu :

« Si ce sont là, dit-elle, les intentions de mon père, je conçois qu'il songe à me retirer du couvent. Cependant cette perspective m'effraie ; je suis d'ailleurs encore bien jeune, et ce n'est probablement que dans quelques années qu'il se propose de me produire dans le grand monde ; faut-il donc tant de temps pour s'y préparer, et ne suffirait-il pas de quelques mois pour s'initier à ces usages que vous appelez avec raison de graves futilités ? Et alors pourquoi ne me laisserait-il pas ici jusqu'à ce moment ? J'ai souvent entendu dire que l'on court de grands dangers dans le monde : ne serait-il pas nécessaire de me préparer encore dans cette retraite aux moyens de les éviter ?

— Sans doute, mon enfant, il y a de graves dangers à courir dans le monde ; cependant, quand, par notre naissance et la volonté de nos parents, nous sommes appelés à y vivre, nous pouvons, avec une forte volonté, avec la grâce de Dieu, y faire notre salut. Je conviens que cela est plus difficile qu'ailleurs ; mais il y a peut-être aussi plus de mérite, et Dieu saura en tenir compte.

L'histoire vous a montré des reines, des princesses, des dames de la plus haute naissance se sanctifier dans leurs conditions élevées; prenez-les pour modèles si vous vous trouvez un jour dans une situation analogue. Je crois bien, comme vous, que monsieur votre père attendra encore quelques années avant de vous lancer dans ces hauts parages; mais ne vous imaginez pas pour cela qu'il vous laisse plus longtemps à Beaumont. Si quelque chose m'étonne, c'est même qu'il vous y ait laissé si longtemps.

— Comment cela, ma tante? interrompit Solange avec surprise.

— Écoutez-moi, mon enfant; j'ai à vous apprendre une chose dont j'aurais voulu retarder encore la révélation; mais aujourd'hui le moment est venu, et mon devoir m'oblige à ne pas attendre plus longtemps. M. le comte de Chateaubrun, votre père, est un seigneur loyal, brave, dévoué à ses amis; il s'est montré sincèrement attaché à son épouse, votre mère, et il vous aime avec la plus vive tendresse; en un mot, il a toutes les qualités d'un parfait gentilhomme selon le monde : que ne puis-je ajouter : et selon Dieu! Malheureusement dans sa jeunesse il a été séduit par les nouveautés dangereuses que des sectaires d'Allemagne et de Suisse ont répandues en France; il a embrassé leurs erreurs, et il y a persisté, malgré les efforts, les larmes et les prières d'une épouse qui l'aimait aussi tendrement qu'elle en était aimée.

— O mon Dieu! s'écria Solange, éprouvant un saisissement de douleur indicible : que me dites-vous là, ma tante? quoi! mon père serait hérétique?

— Cela n'est que trop vrai; et vous comprenez à présent pourquoi je vous ai dit que, si j'étais étonnée de quelque chose, c'était qu'il vous eût laissée si longtemps dans cette maison.

— Oh! je ne le comprends que trop maintenant! O mon Dieu..., mon Dieu..., quel malheur!... »

En prononçant ces paroles entrecoupées de sanglots, Solange avait couvert son visage de ses mains, et elle resta quelques instants absorbée dans sa douleur. Puis, tout à coup relevant la tête, le visage enflammé, les yeux rouges mais secs, elle s'écria avec exaltation :

« Eh bien! non, je ne sortirai pas d'ici! il n'a pas le droit de m'en faire sortir! je le renonce pour...

— N'achevez pas! interrompit vivement l'abbesse; n'achevez pas, malheureuse! vous allez commettre un blasphème! Dieu n'a pas mis de condition à son quatrième commandement; et si vous aviez le malheur de renier votre père, quand même il serait le plus criminel des hommes, vous n'en commettriez pas moins une infraction grave à la loi de Dieu, c'est-à-dire un péché mortel!

— O ma bonne tante! ô ma mère! pardonnez-moi, ma tête se perd...

— Calmez-vous, mon enfant, calmez-vous, et demandez pardon à Dieu, et non à moi. Mettez-vous à genoux avec moi, prions ensemble. Rien ne fait du bien et ne calme le trouble de l'esprit comme la prière. »

En disant ces mots, l'abbesse se mit à genoux, et Solange l'imita. Elles restèrent près d'un quart d'heure dans cette attitude, absorbées l'une et l'autre par la méditation et la ferveur de leurs prières. Madame l'abbesse se leva la première, et, prenant Solange par la main :

« Eh bien! mon enfant, lui dit-elle, êtes-vous un peu remise?

— Oui, ma tante; mais j'ai encore grand besoin de vos conseils. Que faut-il que je fasse?

— Vous n'avez pas deux partis à prendre. Rappelez-vous les paroles de votre mère à son lit de mort. Elle vous a expressément recommandé d'aimer, de respecter votre père, et de lui obéir en tout, excepté en ce qui pourrait être contraire à la foi catholique. Je n'ai pas d'autres conseils à vous donner.

— Oh! oui, je me souviens bien de ces paroles de ma pauvre mère; je n'en comprenais pas le sens alors, et dans le trouble où j'étais je n'eus pas la pensée d'en demander l'explication. Ainsi mon père va vouloir me faire changer de religion, et le moment de notre réunion, que je désirais avec tant d'impatience, sera le commencement d'une lutte qui va jeter la désunion entre nous, et qui sera pour moi un supplice sans fin.

— Ma fille, votre imagination est prompte à s'exagérer les choses. Qui vous dit que votre père voudra vous faire changer de religion? Rien jusqu'ici ne l'annonce; et la preuve, c'est qu'il n'a pas empêché votre mère de vous élever dans la religion catholique; il ne l'a pas empêchée non plus de vous faire élever dans un couvent catholique; depuis sa mort, il vous y a laissée encore près de quatre années. Sont-ce là les symptômes de l'intention que vous lui supposez? En a-t-il manifesté quelque chose dans les lettres qu'il nous a écrites à vous et à moi? Jamais un mot. Cependant je ne vais pas jusqu'à dire qu'il ne désirerait pas vous voir embrasser sa religion; je pense même qu'il vous témoignera plus d'une fois ce désir, soit directement, soit d'une manière détournée ; mais j'aime à croire aussi que, quand vous lui aurez déclaré avec fermeté, mais toujours avec respect, que vous êtes inébranlablement résolue à vivre et à mourir dans la foi catholique, il finira par ne plus vous en parler.

— Oh! si les choses se passaient ainsi, je ne serais pas si malheureuse que je le craignais; mais s'il venait à m'ordonner expressément quelque chose de contraire à ma religion?

— Dans ce cas, interrompit l'abbesse, votre devoir est aussi tout tracé. Vous savez qu'on doit obéir à Dieu plutôt qu'aux hommes. Ne vous effrayez pas d'avance de ce que vous auriez à souffrir si une circonstance semblable se présentait; Dieu vous donnerait le courage et la force nécessaires pour résister, surtout si vous avez soin de fortifier votre âme le plus souvent qu'il vous sera possible par le sacrement de l'Eucharistie. Rappelez-vous aussi que vous avez été confirmée dans la grâce que vous avez reçue au baptême, et qu'un des effets de ce sacrement est précisément de donner la force de confesser en toute occasion la foi de Jésus-Christ. Mais, encore une fois, je crois que vos craintes à cet égard sont chimériques. Votre père est connu pour un grand caractère de loyauté et de générosité, et je suis convaincu qu'il lui répugnerait d'user de son autorité paternelle pour vouloir forcer son enfant bien-aimée à faire quelque chose de contraire à sa conscience.

— Ce que vous me dites là, ma tante, me rassure et me fait du bien. Mais Mme de Froissac, à qui il va me confier, n'est-elle pas aussi une protestante! J'espère bien qu'elle ne s'avisera pas de vouloir aussi me prêcher sa religion ; elle serait mal reçue... Je ne lui dois pas, à elle, le respect que je dois à mon père.

— Vous êtes dans l'erreur, mon enfant ; Mme de Froissac est la sœur de monsieur votre père. En cette qualité elle aurait déjà droit à votre respect; mais, de plus, M. de Chateaubrun, en vous confiant à ses soins, lui délègue une partie de son autorité sur vous ; ainsi, lui désobéir et lui manquer de respect, ce serait absolument comme si vous désobéissiez et si vous manquiez de respect à votre père lui-même. Quant à sa religion, je ne saurais affirmer si elle est protestante, mais cela est probable, parce qu'elle a été élevée à la cour de Marguerite de Valois, qu'elle a servie en Navarre quand cette princesse a épousé le roi Henri d'Albret : et j'ai entendu dire que cette princesse témoignait un penchant prononcé pour les erreurs nouvelles. Du reste, votre conduite à l'égard de votre tante de Froissac vous est toute indiquée par ce que je vous ai dit relativement à monsieur votre père. Je crois même que cette dame, si j'en juge d'après ce qu'on m'en a raconté, ne s'occupera guère à vous prêcher sa religion ; elle vous parlera plutôt du monde et de la cour, de bals et de parures, de l'art de briller dans les salons. Ces sortes de sermons vous plairont mieux sans doute que ceux qu'elle pourrait vous faire sur les doctrines de Luther et de Calvin ; mais ils seront peut-être plus dangereux pour vous.

— Plus dangereux pour moi ! et comment, ma tante ?

— Je vous expliquerai cela plus tard ; mais j'ai encore quelque chose à vous dire au sujet de l'impression qu'a produite sur vous la révélation que je viens de vous faire. Dites-moi, mon enfant, cette révélation aurait-elle eu pour effet de diminuer l'affection que vous devez à votre père? Répondez-moi franchement, comme vous le feriez à votre confesseur, ou plutôt, car il ne faut jamais faire allusion trop légèrement aux choses saintes, comme vous le feriez à votre mère si elle vivait, et comme vous le devez faire à celle qui tient sa place.

— Eh bien, ma tante, je vous avoue que j'ai senti dans mon cœur un frisson comme si un glaçon l'avait pénétré; et, au lieu de ce désir si vif que j'avais de revoir mon père, de l'embrasser, j'ai éprouvé comme une sorte de répulsion qui m'éloignait de lui.

— Voilà ce que je craignais, et c'est précisément ce sentiment de répulsion qu'il est de votre devoir de combattre de toutes vos forces... Dites-moi, mon enfant, si votre père était malade ou blessé, l'aimeriez-vous moins? éprouveriez-vous de l'éloignement pour lui?

— Oh! non certainement, ma tante; je crois, au contraire, que je l'aimerais davantage; je me consacrerais avec empressement à le soigner; rien ne me coûterait pour chercher à soulager ses souffrances, et si par mes soins et par mes prières je pouvais obtenir sa guérison, je serais bien heureuse.

— Eh bien, mon enfant, vous vous trouverez dans une position toute semblable. Votre père est malade; ce n'est pas son corps qui est malade, mais c'est son âme; car l'erreur dans laquelle il est plongé n'est autre chose qu'une maladie, et une maladie grave de son âme. Souvenez-vous, ma fille, que nous devons toujours chercher à imiter notre divin Sauveur. Jésus-Christ ne hait pas les pécheurs, il les a aimés, au contraire, jusqu'à répandre son sang sur la croix pour eux; ce qu'il hait, c'est le péché. Faisons donc comme lui; haïssons le péché, mais soyons pleins de compassion et de charité pour les pécheurs. Vous, ma fille, détestez les erreurs dans lesquelles est tombé votre père; mais lui, aime-le, plaignez-le, priez avec ferveur pour la guérison de son âme, et soyez prête à offrir à Dieu le sacrifice de votre vie, si cela était nécessaire, pour obtenir cet heureux résultat.

— Oh! si je pouvais espérer de le convertir, quel bonheur ce serait pour moi! Vous venez là, ma tante, de me présenter ma situation sous un jour tout nouveau; je sens fondre cette glace qui avait refroidi mon cœur, et je suis plus disposée que jamais à aimer mon père, surtout si je puis parvenir à mon but... Oui, je veux y travailler de toutes mes forces, et j'y réussirai.

— J'aime à vous voir dans ces dispositions : mais prenez garde de vous laisser aller à trop de présomption. La tâche que vous vous imposez est noble et belle, et je ne saurais que vous y encourager; mais ne dites pas avec trop de confiance en vous-même : Je réussirai. Le succès d'une telle entreprise n'appartient qu'à Dieu, et à lui seul en est réservée la gloire; pour vous, priez, implorez sa miséricorde, et attendez-en les effets avec patience.

— Enfin, ma tante, pensez-vous qu'il y ait lieu d'espérer? Pardon si j'insiste; mais depuis un instant que cette idée est entrée dans ma tête, elle s'en est emparée tout entière, et je voudrais être éclairée sur ce que je dois faire pour la réaliser.

— Jamais, mon enfant, on ne doit désespérer de la conversion de personne ; je crois même votre père moins disposé que d'autres à persévérer dans ses erreurs, grâce à ses éminentes qualités ; puis je le suppose attaché à sa fausse religion plutôt par des motifs politiques que par une conviction sincère. Il suffirait peut-être de détruire en lui quelques préjugés pour lui faire apercevoir la vérité. Mais cette tâche exige une prudence et un tact que l'on possède rarement à votre âge. Votre digne mère l'avait entreprise, et peut-être, sans des circonstances imprévues, y eût-elle réussi. J'ajouterai même, et ceci devra être pour vous un puissant encouragement, que, quelque temps avant sa mort, elle avait conçu l'espérance qu'un jour vous pourriez reprendre son œuvre et la mener à bonne fin ; et cette consolante pensée n'a pas peu contribué à adoucir ses derniers moments. Ainsi, mon enfant, ayez bon espoir ; votre mère prie sans doute en ce moment dans le ciel pour le succès de votre entreprise. Joignez vos prières aux siennes ; car c'est surtout par ce moyen que vous réussirez. Tous les jours que vous avez encore à passer ici, nous reprendrons cet entretien, et je vous donnerai quelques avis sur la conduite que vous aurez à tenir, surtout dans les commencements, avec votre père et avec votre tante.

— Merci des bonnes paroles que vous venez de me faire entendre. Vous ne pouviez pas me donner un encouragement plus puissant que de m'apprendre l'espérance que ma mère bien-aimée avait fondée sur moi. O mon Dieu ! daignez m'aider à réaliser ce vœu de ma mère, non pour ma propre satisfaction, mais pour la gloire de votre saint nom !

— Amen! Voilà, ma fille, comment vous devez prier, et dans quel esprit vous devez travailler à votre grand projet. Ce sera le moyen d'obtenir la bénédiction de Dieu et l'assurance du succès. »

CHAPITRE X

Anne de Montbazon. — Les conseils de l'amie et les conseils de l'abbesse. — Arrivée de M. de Chateaubrun. — Son entretien avec madame l'abbesse.

Nous n'essaierons pas de décrire l'agitation dans laquelle se trouvait Solange en quittant sa tante après la conversation que nous venons de rapporter. Mille pensées diverses et opposées se croisaient dans sa tête. Sa sortie du couvent, son entrée dans le monde, sa présentation à la cour, l'hérésie de son père, l'espoir de sa conversion, tout cela formait un pêle-mêle d'idées mondaines et religieuses, gaies et tristes, bien fait pour troubler une cervelle plus forte que celle d'une jeune fille de quatorze ans. La nuit surtout, ces idées revinrent l'assaillir avec plus de force, et ne lui laissèrent pas un instant de repos. Si par moments le sommeil s'emparait de ses sens fatigués, des rêves bizarres, fantastiques, la réveillaient en sursaut.

Le lendemain matin, à l'heure de la récréation qui

suivait le déjeuner, Solange, au lieu de se mêler aux jeux de ses compagnes, comme à l'ordinaire, s'approcha de Mlle Anne de Montbazon, et lui dit qu'elle désirait l'entretenir en particulier. Solange aimait toutes ses compagnes, et en était également aimée. Cependant elle avait distingué parmi elles Anne de Montbazon, jeune personne à peu près de son âge, non moins remarquable par les qualités de son esprit et de son cœur que par la beauté de son visage et les grâces répandues sur toute sa personne. Solange et Anne s'étaient liées d'une amitié étroite, et quoiqu'au couvent on ne souffrît pas de liaisons exclusives, on avait par exception toléré à leur égard une intimité dont toutefois elles avaient soin de ne pas abuser. Leurs caractères, quoique sympathiques, avaient entre eux de notables différences. Solange avait perdu cette humeur folâtre de ses premières années : sans cesser d'être gaie, elle était devenue plus réfléchie ; on voyait que les pensées sérieuses occupaient plus son esprit que les idées frivoles si ordinaires aux jeunes filles de son âge. Anne de Montbazon, au contraire, était d'une légèreté voisine de l'étourderie ; mais elle rachetait ce défaut par un cœur excellent et d'autres qualités qu'on ne soupçonnait pas d'abord sous l'apparence de frivolité qui les recouvrait.

Anne, à l'appel de son amie, s'empressa de lui prendre le bras, et toutes les deux gagnèrent une allée solitaire où elles pouvaient parler sans être entendues, quoique restant en vue de leurs compagnes et des surveillantes.

« Ma chère Annette, commença Solange dès qu'elles furent éloignées des groupes de leurs camarades, j'ai une grande nouvelle à t'apprendre… Je vais bientôt quitter le couvent.

— Bah !... mais tu me dis cela d'un air soucieux, comme si c'était un malheur qui t'arrivât. Ma foi, moi, si l'on m'annonçait ma sortie du couvent, je chanterais joyeusement comme cette alouette que tu entends là-haut gazouiller au-dessus de nos têtes.

— Je le comprends..., toi tu irais retrouver une mère chérie, un père dont tu connais l'attachement pour toi, des frères qui n'aiment rien tant que leur petite sœur Annette : et moi... je n'ai plus de mère, je n'ai point de frères ni de sœurs ; mon père m'aime sans doute, mais je le connais à peine...; je serai timide, embarrassée en sa présence. Et encore, si nous devions rester ensemble, je finirais sans doute par me familiariser avec lui ; mais il me quittera pour aller rejoindre l'armée, et me laissera entre les mains d'une tante que je n'ai jamais vue et avec qui j'aurai peut-être bien de la peine à m'accoutumer. Tu le vois, ma chère, je n'ai pas sujet d'être gaie, et je préférerais rester encore quelques années au couvent, où je suis sûre d'avoir en toi une amie dévouée, dans ma tante l'abbesse une seconde mère, et où je ne rencontre que des visages qui me sourient avec bienveillance et des cœurs pleins d'affection pour moi.

— Et moi, pour mon compte particulier, je serais bien contente de te conserver encore ici le plus longtemps possible, car je vais bien m'ennuyer quand tu seras partie ; mais, ma petite Solange, je t'aime plus pour toi que pour moi ; voilà pourquoi je suis heureuse du bonheur qui t'arrive : car, malgré tout ce que tu viens de me dire, je soutiens encore que c'est un bonheur que de sortir d'une prison et de recouvrer sa liberté. Le couvent, quelque agrément qu'on y trouve, n'est toujours qu'une prison. Puis, tu crains de ne pas t'accoutumer avec ta tante, que tu ne connais pas ; et moi je dis que tu seras bientôt familière avec elle, et que je ne lui donne pas quinze jours, à ta vénérable tante la baronne de Foisac, de Floirac, n'importe comment, pour qu'elle raffole de toi et te traite en véritable enfant gâté. Est-ce que nous ne t'avons pas vue ici à l'œuvre? Est-ce que tu n'as pas su tourner toutes les têtes, même celles des religieuses les plus austères, jusqu'à la mère Saint-Charles, la plus revêche de toute la communauté, qui ne parle jamais de toi qu'en t'appelant mon petit ange, ma petite colombe?

— Laisse là tes folies, ma chère Annette, et parlons sérieusement. Je ne t'ai pas encore raconté tout ce qui m'arrive. Écoute-moi donc, et tu verras si je n'ai pas sujet de m'inquiéter. »

Alors elle lui rapporta tout ce que lui avait dit la veille madame l'abbesse sur les projets de son père, de la présenter dans le grand monde et probablement à la cour; puis elle en vint à ce qui la tourmentait le plus, la religion que professaient son père et sa tante.

Mlle de Montbazon avait écouté avec attention les paroles de son amie; elle réfléchit quelques instants, ce qui lui arrivait rarement, avant de répondre ; enfin, d'un ton moitié sérieux, moitié burlesque, elle dit :

« Peut-on avoir un malheur pareil à celui qui t'arrive ! En vérité, je te plains sérieusement. Comment ! toi, l'unique héritière d'un grand nom et d'une grande fortune, on songe à te produire à la cour : quelle disgrâce ! On veut, au lieu de cette simple robe de pensionnaire, te donner le riche vêtement, avec le manteau doublé d'hermine, et les bijoux, et les perles qui conviennent à une comtesse : quelle affliction ! Pour comble d'infortune, on voudra probablement te marier à un grand seigneur, que sais-je? peut-être à un prince... Oh! oui, je comprends ta désolation, et tu dois certainement envier mon sort, à moi, qui verrai passer toute la fortune de ma famille à mon frère aîné, ou, à son défaut, à mon frère cadet, et qui ne recevrai pour ma part de l'héritage paternel qu'une dot modique, à peine suffisante pour me faire épouser quelque gentilhomme campagnard, ou pour entrer dans un couvent.

— Ma chère Annette, je te parle sérieusement, et tu te plais à te moquer de moi; cela n'est pas généreux de ta part. Tu sais bien que ce n'est pas de paraître dans le grand monde qui m'effraie; je t'ai parlé d'une cause bien autrement grave d'inquiétude pour moi.

— Eh bien! abordons cette terrible cause, et parlons-en sérieusement, puisque tu le désires. Je commencerai par convenir avec toi que ceci est réellement grave, mais que tu aurais tort de t'en tourmenter outre mesure. On voit bien, ma chère amie, que tu es peu au courant de ce qui se passe dans le monde à l'heure qu'il est; sans quoi tu n'aurais pas été bouleversée comme tu l'as été quand Madame t'a lancé à brûle-pourpoint cette nouvelle à la tête. Mais sache, mon enfant, qu'aujourd'hui une grande partie de la noblesse, de la noblesse titrée, même des princes du sang appartiennent comme ton père à cette prétendue religion réformée. J'ai un oncle, le vicomte de Lucé, qui lui aussi a adopté ces nouvelles idées, et qui n'en est pas moins l'homme le plus aimable que je connaisse. Mon père, qui certes aurait horreur de changer de religion, n'en fait pas moins très-bon accueil à son beau-frère le vicomte, et se contente seulement de le railler de temps en temps.

Je me rappelle que quand mon oncle annonça à mon père qu'il s'était décidé à se faire huguenot (car c'est ainsi qu'ils s'appellent à présent), mon père lui répondit : « Cela ne m'étonne pas ; je vous ai toujours connu amateur de choses nouvelles ; vous étiez toujours à l'affût de la nouvelle couleur d'un pourpoint, de la nouvelle forme d'un manteau, et vous n'aviez pas de repos que votre tailleur ne vous eût fourni ces objets. Voici une religion nouvelle qu'on a mise à la mode depuis quelque temps, je ne suis donc pas surpris que vous l'ayez adoptée ; seulement j'espère que cette mode passera plus promptement encore que celle de la forme et de la couleur des vêtements, et que nos gentilshommes français, qui ne l'ont adoptée que par légèreté, auront bientôt assez de bon sens pour revenir à la seule religion vraie, à la religion de leurs pères, religion aussi ancienne que le monde et qui ne finira qu'avec lui : sans cela, mon cher vicomte, la France serait exposée à des malheurs incalculables, et qui la mettraient au bord de l'abîme. »

« Je suis de l'avis de mon père, je crois que cette prétendue religion n'est qu'une affaire de mode que ton père, comme tant d'autres, a adoptée par caprice, sans y être plus attaché que nous ne le sommes à une robe qui nous plaît pendant un mois ou deux, et que nous rejetons avec dédain quand la mode en est passée. Tu aurais donc grand tort de te tourmenter à ce sujet, et surtout de faire mauvaise mine à ton père. Je suis persuadée, comme madame l'abbesse, qu'il te laissera parfaitement tranquille au sujet de la religion, et qu'il n'essaiera pas de t'en faire changer. De ton côté, quoique j'approuve ton projet de conversion, tu feras bien de ne pas trop le tourmenter là-dessus ; il ne faut pas te montrer plus exigeante envers lui qu'il ne le sera envers toi. Laisse faire au temps, à son bon sens, et surtout à la volonté du bon Dieu, qui saura bien, quand il le voudra, le ramener dans le droit chemin. Tu m'as demandé un avis sérieux, le voilà ; mais heureusement que la cloche sonne la fin de la récréation, car je n'aurais peut-être pas pu trouver une phrase sérieuse de plus. Mais nous nous reverrons, et je me dédommagerai à la prochaine occasion. En attendant, au revoir, madame la comtesse, la duchesse, la princesse...

— Veux-tu te taire, folle babillarde que tu es ! » dit Solange en l'interrompant et en l'entraînant vers le groupe de leurs camarades, déjà réunies en silence, et qui s'apprêtaient à rentrer dans les salles d'étude.

Tous les jours suivants, Solange se rendit exactement dans la chambre de l'abbesse, qui continua à s'entretenir avec elle de son avenir. En même temps toutes les récréations se passaient, avec Anne de Montbazon, en conversations sur le même sujet. On a pu juger par l'échantillon que nous avons rapporté qu'il y avait une grande différence entre ces deux genres d'entretiens. Les pensées de madame l'abbesse étaient toujours empreintes d'une gravité religieuse ; celles d'Anne de Montbazon, même les plus sérieuses, avaient un certain caractère de légèreté et étaient toujours présentées sous une forme vive, joyeuse parfois jusqu'à la bouffonnerie. L'une cherchait à prémunir Solange contre les dangers qu'elle aurait à courir dans le monde, elle ne lui parlait que de la vanité et de la fragilité de ces plaisirs ; l'autre exaltait devant son amie le bonheur que celle-ci aurait de paraître à la cour, d'assister à ses fêtes, de se trouver au milieu de ces réunions d'hommes et de femmes du grand monde, modèles de bon ton, de grâces et d'élégance. Pour la première, la conversion de son père devait être la pensée principale, presque unique, de Solange; pour la seconde, se préparer à paraître à la cour et à y briller, c'était la grande affaire de Mlle de Chateaubrun; le reste, selon elle, n'était que secondaire; et elle y réussirait d'autant plus facilement, qu'elle aurait acquis une certaine position dans le monde qui donnerait plus d'aplomb et de consistance aux observations qu'elle pourrait alors adresser à son père.

Le bon sens et la raison de Solange lui présentaient certainement les avis de sa tante comme bien préférables à ceux de son amie; cependant elle écoutait quelquefois le babil extravagant de celle-ci avec un certain plaisir. Elle était loin de l'approuver quand elle lui conseillait une sorte d'indifférence à l'égard des idées religieuses de son père; mais elle trouvait qu'elle n'avait pas tout à fait tort lorsqu'elle l'engageait à chercher à plaire et à briller à la cour. Sous ce rapport, sa tante l'abbesse lui semblait par trop scrupuleuse, et elle pensait qu'étant par son état étrangère au monde, elle s'en exagérait les dangers. Enfin, puisqu'il faut l'avouer, ce germe de coquetterie féminine que Solange avait porté jusque-là caché et ignoré d'elle-même dans quelque recoin obscur de son âme innocente, commençait à se gonfler et était près d'éclore sous les insinuations de Mlle de Montbazon. La perspective de se montrer bientôt dans le monde ne l'effrayait plus comme la première fois que lui en avait parlé sa tante, et il est douteux que, si son père lui eût accordé maintenant ce qu'elle paraissait tant désirer alors, la permission de rester au couvent encore deux ou trois ans, elle eût été disposée à en profiter.

Pendant les premiers jours, elle trouvait que le temps qu'elle avait à rester à Beaumont était bien court, et que son père aurait dû la prévenir plus tôt, ou lui laisser plus de temps pour faire ses préparatifs de départ. Au bout d'une semaine, elle trouvait qu'il tardait beaucoup à arriver. Après quinze jours, elle commença à s'inquiéter. A la fin de la troisième semaine, elle se désolait ; elle se disait que son père n'arriverait pas, que quelque événement imprévu avait sans doute ajourné son voyage…, quand enfin on vint lui annoncer que M. le comte de Chateaubrun attendait sa fille au parloir. Elle s'élança aussitôt, et en deux bonds elle fut dans les bras de son père.

Nous n'entreprendrons pas de décrire cette première entrevue ; le cœur seul peut comprendre l'émotion du père et de la fille, et la plume est impuissante à la reproduire.

Tous deux éprouvèrent une mutuelle surprise à la vue l'un de l'autre. Solange ne se rappelait que confusément les traits de son père ; seulement elle se le figurait beaucoup plus jeune. Le fait est que, pendant les huit ans qui s'étaient écoulés depuis la dernière fois qu'elle l'avait vu, le comte avait considérablement vieilli ; ses cheveux et sa barbe étaient presque blancs ; les fatigues de la guerre avaient bronzé son teint et amaigri ses joues, tandis que les soucis de toute nature avaient sillonné son front de rides profondes. Quoiqu'il touchât à peine à la cinquantaine, on lui eût donné au moins soixante ans ; toutefois, l'éclat et la vivacité de ses yeux, sa démarche ferme et droite annonçaient encore toute la vigueur de l'âge mûr. S'il eût paru plus jeune, Solange aurait peut-être éprouvé plus de facilité à se familiariser avec lui ; mais la vue de ce vieillard à l'aspect sévère, malgré le regard de tendresse et de bienveillance qui en adoucissait la rudesse, lui inspira tout d'abord un profond sentiment de respect et une grande timidité.

De son côté, la surprise du comte, quoique d'une nature bien différente, n'en était pas moins vive. Il se figurait retrouver Solange grandie sans doute, mais encore une enfant ; et voilà qu'il avait devant lui une jeune personne à la taille élancée, aux traits presque formés, et déjà aussi grande et aussi belle que l'était sa mère quand il l'avait vue pour la première fois... Oui, c'était bien là son teint blanc et rosé, son doux sourire, son regard modeste, qui laissait à peine entrevoir la couleur de ses yeux ; c'était le son de sa voix argentine, c'était son attitude décente et ses mouvements gracieux et réservés. Il resta quelque temps silencieux, comme en contemplation devant cette image vivante d'une épouse qu'il avait tant aimée. Ce souvenir excita en lui une vive émotion qu'il ne put maîtriser ; ses yeux se mouillèrent de larmes, et tendant les bras vers sa fille :

« Viens, mon enfant, viens que je te presse encore sur mon cœur !... Si tu savais combien tu ressembles à ta mère !

— Je veux tâcher de lui ressembler toujours et en tout, afin que vous m'aimiez autant qu'elle m'aimait et autant que vous l'aimiez, » dit Solange en répondant aux caresses de son père.

Après quelques instants passés ensemble, M. de Cha-

teaubrun témoigna le desir de présenter ses hommages
à madame l'abbesse et de la remercier des soins qu'elle
avait donnés à sa fille. Ils se rendirent ensemble dans
le parloir particulier de Madame, et, pendant qu'on
allait la prévenir, le comte engagea sa fille à aller faire
ses préparatifs de départ, pour être prête à le suivre
quand il aurait terminé l'entretien particulier qu'il désirait avoir avec l'abbesse.

Solange sortit aussitôt du parloir, et quelques minutes
après, Mme de Mirabeau parut.

Malgré ses préventions, nous pourrions dire sa haine,
pour tout ce qui portait l'habit religieux, à quelque
sexe qu'il appartînt, M. de Chateaubrun était avant
tout, comme l'avait fort bien dit madame l'abbesse elle-
même, un parfait gentilhomme. S'il se fût trouvé en
présence d'un abbé ou d'un prélat, peut-être eût-il
montré moins de réserve; mais en présence d'une dame,
et surtout d'une dame de haute naissance, le farouche
disciple de Calvin fit place au courtisan poli, au chevalier courtois. Après avoir salué madame l'abbesse avec
respect, il lui exprima toute sa reconnaissance pour les
soins qu'elle avait prodigués à son enfant et les témoignages d'affection qu'elle avait donnés à sa femme pendant les dernières années de sa vie.

Madame l'abbesse répondit qu'elle était sensible à
sa démarche, mais qu'il ne lui devait point de reconnaissance; son amitié pour Mme de Chateaubrun,
les liens de parenté qui les unissaient lui avaient fait
un devoir d'agir comme elle l'avait fait : du reste,
déjà payée de ses soins par la manière dont Solange
y avait répondu, elle en serait plus amplement encore
récompensée à l'avenir, si sa pupille conservait toute

7*

sa vie les principes qu'elle avait cherché à lui inspirer.

M. de Chateaubrun comprit l'allusion; mais il ne la releva pas, et il pria madame l'abbesse de vouloir bien lui donner des détails sur le caractère de sa fille, sur ses dispositions, sur ses études, sur sa santé, en un mot, sur tout ce qui peut intéresser un père qui a été si longtemps séparé de son enfant.

Mme de Mirebeau s'empressa de satisfaire au désir du comte. Elle raconta toute la vie de Solange depuis son entrée au couvent, sans omettre aucune circonstance. Elle parla du plan d'études suivi dans la maison, et des progrès rapides qu'elle y avait faits; elle s'étendit sur les qualités remarquables de son esprit et de son cœur, qualités qui faisaient peut-être mieux ressortir encore quelques légers défauts, que l'âge et l'expérience feraient aisément disparaître; elle peignit surtout sa piété profonde et l'ardeur de sa foi, vertus que du reste elle avait, pour ainsi dire, puisées dans le sein de sa mère : elle lui parla enfin de l'attachement profond qu'elle avait pour cette tendre mère, des regrets que lui avait causés sa mort, et des souvenirs pieux qu'elle en avait toujours conservés.

M. de Chateaubrun avait écouté ce récit avec la plus grande attention. Le ton calme et digne de madame l'abbesse, ses paroles simples et exemptes d'emphase, donnaient à tout ce qu'elle disait un caractère de sincérité et de conviction qui inspirait le respect, même à ceux qui ne partageaient pas ses opinions. L'éloge qu'elle avait fait de sa fille et de son heureux naturel l'avait comblé de joie; mais ce qu'elle avait dit de sa piété et de sa foi l'avait médiocrement flatté. Il n'osa pourtant pas en témoigner son mécontentement. Seulement, quand madame l'abbesse eut fini de parler, il se permit de lui faire cette observation :

« Je ne croyais pas, Madame, que dans les couvents on donnât une éducation aussi étendue et aussi complète aux jeunes filles, et ce que vous venez de me dire m'a surpris agréablement. Vous avez parfaitement jugé que la plupart de vos pensionnaires, appelées plus tard à vivre dans le monde, ne devaient pas rester tout à fait étrangères au progrès des lumières qui se manifeste dans le siècle où nous sommes. Il n'y a qu'une seule chose dans votre système d'éducation qui me paraisse défectueuse, c'est que, selon moi, vous donnez trop d'étendue à l'enseignement de la religion catholique.

— Pardon, monsieur le comte, répondit l'abbesse en souriant, de ne pas vous accepter pour juge en pareille matière ; malgré ma confiance en vous pour ce qui regarderait toute autre partie de l'enseignement, je craindrais pour celle-ci de ne pas vous trouver assez impartial.

— Vous êtes dans l'erreur, Madame ; ne voyez pas, dans l'observation que je me suis permis de vous faire, l'opinion d'un homme qui pense que de nombreux abus se sont introduits dans l'Église catholique, et qui croit à la nécessité d'une réformation. Je vous ai parlé comme si je n'étais nullement partisan de cette réforme, comme vous parlerait enfin un gentilhomme resté purement et simplement catholique, mais qui malgré cela craindrait que ce mode d'éducation ne tendît à faire de ses filles des théologiennes ou des docteurs en Sorbonne ; ce qui, je me hâte de l'ajouter, est sans doute loin de vos intentions. »

Malgré toute la politesse de la forme et toutes les précautions oratoires pour en atténuer l'amertume, madame l'abbesse sentit le sarcasme; mais elle n'en parut pas plus émue, et elle le releva avec le calme et le sang-froid qui ne l'abandonnaient jamais.

« Vous avez raison, Monsieur, de supposer que nos intentions ne sont pas de faire de nos élèves des théologiennes ni des docteurs en Sorbonne; mais vous paraissez craindre que, malgré ces intentions, notre système d'éducation ne conduise à un tel résultat. Je crois pouvoir pleinement vous rassurer à cet égard, et, si vous ne vous en rapportez pas à mes assertions, vous pourriez vous éclairer de façon à ne conserver aucun doute, en examinant plus sérieusement notre manière d'enseigner que vous n'avez pu le faire dans l'exposé nécessairement bien incomplet que je vous en ai fait de vive voix tout à l'heure. Le moyen le plus simple pour cela serait d'interroger votre fille; vous trouverez qu'elle connaît les principes de sa religion, qu'elle sait sur quelles bases repose sa foi, qu'elle respecte et qu'elle aime cette religion comme une institution divine, dont elle veut suivre fidèlement tous les préceptes : en un mot, vous verrez que nous nous sommes bornées à enseigner à nos enfants à connaître, à aimer et à pratiquer notre religion. Voilà toute la science qu'elles ont apprise de nous. Ce n'est pas avec cela qu'on fait des docteurs et des théologiennes; mais on fait, et voilà ce que nous avons voulu, et ce qui se réalisera, si Dieu daigne seconder notre œuvre, on fait, dis-je, des femmes vertueuses, attachées à leurs devoirs, dans quelque condition que la Providence veuille les placer : des épouses fidèles, dévouées, soumises à leurs maris, des mères modèles de famille, comme la femme que le Ciel vous avait donnée, monsieur le comte ; enfin des filles pleines de respect, d'attachement et de dévouement pour leurs pères, comme Solange le sera pour vous.

— Voilà qui est magnifique sans doute, et je ne saurais trop louer vos intentions ; mais je doute que de si beaux résultats soient dus à l'enseignement et à la pratique de la religion catholique. J'ai plus d'expérience du monde que vous, Madame : et combien n'ai-je pas vu de femmes qui fréquentaient les églises, qui allaient à confesse, qui communiaient, en un mot, qui suivaient avec ferveur toutes les pratiques de la religion catholique, et qui cependant manquaient à tous leurs devoirs d'enfants, d'épouses et de mères de famille !

— Monsieur, sans avoir votre expérience du monde, je sais trop bien que ce que vous venez de dire est l'exacte vérité. Seulement je vous ai dit tout à l'heure que nous enseignons à nos enfants à connaître, à aimer et à pratiquer leur religion, et qu'avec ces trois choses nous prétendons faire des femmes vertueuses et zélées pour leurs devoirs dans toutes les conditions de la vie ; mais, encore une fois, il faut ces trois conditions, et là où il ne s'en rencontrera qu'une, et où les deux autres manqueront, il est certain que les résultats ne seront plus les mêmes. Vous me parlez, par exemple, de femmes qui fréquentent les églises, et même qui approchent des sacrements, ce qui ne les empêche pas de se livrer au désordre ; mais c'est qu'alors ou ces femmes pratiquent la religion sans y croire, sans avoir la foi, et ce sont des hypocrites qui ne cherchent qu'à tromper ; ou bien elles croient, mais leur foi est obscurcie par l'ignorance; elles ne sont pas assez instruites dans leur religion pour la connaître et pour l'aimer véritablement, et elles ne la font consister qu'en pratiques extérieures. Voilà précisément le danger que nous avons voulu épargner à nos élèves en les instruisant autant qu'il est possible de leur religion, parce que nous sommes persuadées que mieux elles la connaîtront, plus elles l'aimeront, plus aussi elles la pratiqueront, et avec elle toutes les vertus qu'elle prescrit.

— Je conviens avec vous, Madame, qu'avec toutes ces conditions une femme sera un modèle de piété filiale, de fidélité conjugale, et de toutes les autres vertus; mais combien y a-t-il de femmes qui se maintiennent dans ces conditions? Ne craignez-vous pas que le nombre n'en soit extrêmement restreint? Ne craignez-vous pas que, même parmi celles qui ont été nourries par vous dans ces principes, plusieurs ne les mettent en oubli quand elles auront quitté cette maison?

— Il est dit dans l'Évangile qu'il y a un grand nombre d'appelés, et peu d'élus; ne vous étonnez donc pas du petit nombre de femmes et d'hommes qui se maintiennent dans la voie étroite qui mène au ciel : quand même nous n'aurions pas à espérer une exception en faveur de nos jeunes élèves, ce ne serait pas une raison pour ne pas leur enseigner dès leurs plus tendres années les règles qui doivent les diriger toute leur vie. Si malheureusement plus tard elles mettent ces règles en oubli, ce ne sera pas la faute de l'enseignement qu'elles auront reçu, ni surtout celle de cette religion tant calomniée aujourd'hui par ceux qui ne la connaissent pas. Ce ne sera pas non plus toujours la faute de ces jeunes personnes, de ces jeunes femmes dont la première éducation aura eu la religion pour base; mais ce sera la faute du monde, du mauvais exemple, et trop souvent même la faute des parents, à qui Dieu a confié la mission spéciale de veiller sur elles.

— Mais, Madame, il me semble que vous exigez là quelque chose de bien difficile pour les parents. Comment voulez-vous qu'un père, une mère, que je supposerai même bons catholiques, mais à qui les exigences de leur position sociale dérobent presque tous leurs instants, puissent s'occuper dans leur intérieur de continuer l'éducation de leurs filles commencée au couvent? Car la surveillance telle que vous l'entendez ne serait pas autre chose. Et que sera-ce si un père seul, comme moi, est chargé de ce soin, et si ce père a sur la religion des convictions autres que celles qu'on a données à sa fille? Voulez-vous qu'il continue à lui enseigner ce qu'il ne croit pas lui-même, et à lui conseiller des pratiques qui n'ont à ses yeux aucune valeur? Ce serait mentir à sa conscience, et faire vis-à-vis de son enfant le rôle d'un hypocrite, rôle honteux et déloyal, que vous avez vous-même justement flétri tout à l'heure. Dans ce cas, j'en reviens à ce que j'ai dit en commençant, ne vaudrait-il pas mieux que cette enfant n'eût pas été imbue si profondément et si exclusivement des principes du catholicisme, afin qu'elle n'éprouve pas d'aversion pour son père quand elle le verra pratiquer une autre religion; afin que celui-ci puisse lui faire comprendre que la morale de la religion qu'il professe est aussi pure et aussi sévère que celle qu'on a pu enseigner à son enfant; car cette morale est aussi celle de l'Évanigle; car sa religion n'est autre chose que le catholicisme épuré, dégagé de pratiques superflues et de quelques dogmes que les hommes y ont ajoutés dans les temps d'ignorance et de superstition ?

— Je reprends une à une vos observations, et je vais y répondre le plus brièvement possible. Des parents vraiment catholiques comprendront toujours toute l'étendue de leurs devoirs envers leurs enfants ; sans continuer l'éducation que leurs filles auront reçue au couvent, ils sauront veiller avec soin à ce que les fruits de cette éducation ne se perdent pas. Quant au père dont vous me parlez, et qui n'appartiendrait pas à la religion catholique, veuillez me permettre, Monsieur, de laisser de côté la fiction dont vous vous êtes servi, pour m'adresser directement à lui, et de dire : Non, monsieur le comte, je suis loin de vous conseiller d'employer à l'égard de votre enfant aucun déguisement, et de lui prêcher une doctrine à laquelle vous ne croyez pas ; toute la grâce que je vous demanderai, c'est de la laisser professer librement la religion dans laquelle elle a été élevée...

— Mais, Madame..., voulut interrompre le comte.

— Permettez-moi, Monsieur, d'achever ce que j'ai à vous dire ; vous me répondrez ensuite, et votre réponse, je l'espère, ne sera pas la même que celle que vous me feriez à présent. D'abord votre fille sait que vous êtes attaché à la religion nouvelle de Luther ou de Calvin, et vous avez pu juger par l'accueil qu'elle vous a fait il n'y a qu'un instant si elle éprouve de l'aversion pour vous. Et comment en éprouverait-elle ? Sa mère et après elle moi-même nous n'avons cessé de lui répéter qu'elle vous doit amour, obéissance et respect, et ce devoir filial nous le lui avons toujours présenté comme une des obligations les plus impérieuses de la religion que nous lui avons enseignée. Quand elle a appris que vous n'appartenez plus à cette religion, je vous avouerai qu'elle en a été vivement affligée, et qu'au premier moment elle a éprouvé un serrement de cœur qui peut-être eût été chez toute autre un symptôme de désaffection ; mais ce mouvement n'a duré qu'un instant, et à la voix de cette même religion, elle est revenue promptement à tous les sentiments de la piété filiale la plus sincère, la plus dévouée. Maintenant voulez-vous que votre enfant conserve toujours ces sentiments pour vous ? laissez-la paisiblement croire et pratiquer la religion qui les lui a inspirés. Puisque vous convenez que votre religion n'enseigne pas une autre morale que la nôtre, laissez-la dans celle qui a pour elle l'expérience des siècles, celle dans laquelle vous êtes né vous-même, et dans laquelle sont morts tous vos glorieux ancêtres; vous serez encore plus assuré du succès. Vous m'avez dit que vous avez rencontré dans le monde bon nombre de femmes qui, tout en suivant les pratiques extérieures de la religion, manquaient à leurs devoirs essentiels : je ne reviens pas sur ce que je vous ai répondu à cet égard ; mais vous en avez trouvé une qui, née et élevée dans la religion catholique, qu'elle n'a cessé d'aimer et de pratiquer jusqu'à sa mort, n'a pas cessé non plus un instant de remplir ses devoirs d'épouse et de mère de façon à servir d'exemple. Vous savez de qui je veux parler, monsieur le comte, et seriez-vous mécontent que votre fille ressemblât à cette noble femme, qui fut aussi dans son enfance et dans sa jeunesse, car je l'ai connue dès cette époque, un modèle de piété filiale ?

— Oh! Madame, je serai trop heureux sans doute...
Vous me rappelez là un souvenir bien doux à mon cœur,
mais en même temps bien douloureux quand je pense à
la perte que j'ai faite... Oh! oui, je le répète, je serais
bien heureux que Solange lui ressemblât... Mais elle lui
ressemble déjà, elle a ses traits, son air, sa voix, et il
est impossible de rendre l'émotion que m'a causé sa vue
il n'y a qu'un instant.

— Cette ressemblance physique ne serait rien, si elle
ne lui ressemblait pas aussi par les qualités de son âme,
mille fois plus belles et plus précieuses que celles de
son corps. Eh bien, si vous voulez que cette ressemblance soit complète, laissez-la encore une fois suivre
librement la religion de sa mère; ne la contrariez jamais à ce sujet ni directement ni indirectement : je vous
le demande en grâce, comme le prix le plus précieux
des soins que je lui ai donnés, comme le témoignage
de la reconnaissance que vous dites me devoir; je vous
le demande dans l'intérêt de votre bonheur et de celui
de votre fille; je vous le demande enfin au nom de cette
épouse chérie que vous pleurez encore, et comme
l'accomplissement du dernier vœu qu'elle a fait en
mourant. »

Madame l'abbesse était vivement émue en prononçant
ces paroles; M. de Chateaubrun ne l'était pas moins, et
son émotion se trahissait par les efforts mêmes qu'il faisait pour la contenir. Après un instant de silence, il
répondit d'une voix qu'il tâchait de rendre calme :

« Vous l'emportez, Madame, sur mes résolutions... Je
ne saurais résister à une demande faite au nom d'une
femme si tendrement aimée, si vivement regrettée... Je
vous donne ma parole de ne jamais inquiéter ma fille

au sujet de sa religion, et de la laisser parfaitement libre de la pratiquer comme elle l'entendra.

— Monsieur, répondit l'abbesse, je m'en rapporte entièrement à votre parole de loyal gentilhomme. Et moi, de mon côté, je vous rends une fille soumise, dévouée, respectueuse envers son père, et je puis vous garantir qu'elle conservera toujours ces sentiments tant qu'elle persistera dans les principes de la religion que nous lui avons enseignée. »

CHAPITRE XI

Les adieux au couvent. — La visite au cimetière. — Mme de Froissac et son fils. — Départ pour Chateaubrun.

Pendant que son père s'entretenait avec l'abbesse, Solange avait fait ses adieux aux dames religieuses et à ses compagnes. Il y avait eu bien des pleurs de versés, surtout quand elle se sépara de son amie Anne de Montbazon. On promit de s'écrire le plus souvent possible, et de se communiquer mutuellement tout ce qui pourrait arriver d'intéressant à l'une et à l'autre.

Solange était encore occupée de ces apprêts de départ quand madame l'abbesse, après avoir quitté M. de Chateaubrun, était rentrée dans sa chambre. Elle fit venir aussitôt sa pupille, et lui dit :

« Ma chère enfant, je ne veux pas vous retenir longtemps, car votre père vous attend. Je viens d'avoir avec lui une longue conversation à votre sujet. J'ai trouvé votre père tel que je me l'étais figuré, tel que je le désirais; il vous laissera librement pratiquer votre religion; il m'en a donné sa parole de gentilhomme, et nous pouvons y compter. Allez donc, mon enfant, ayez bon courage. N'oubliez jamais le bon Dieu, et il ne vous oubliera pas... Ne m'oubliez pas non plus, et, quand vous aurez besoin de conseils ou de consolations, écrivez-moi, si vous ne pouvez pas venir me voir... Songez que nos prières vous accompagneront partout. »

Solange s'agenouilla pour recevoir la bénédiction de l'abbesse; puis, après l'avoir tendrement embrassée, elle alla rejoindre son père :

« Eh bien! lui dit-il dès qu'il la vit paraître, as-tu terminé tous tes adieux?

— Il m'en reste encore un, mon père, que je regarde comme un devoir sacré, et je vous demanderai la permission de l'accomplir avant de quitter ces lieux.

— Tu n'avais pas besoin de ma permission, et tu pouvais remplir ce devoir en même temps que tu t'acquittais des autres. Hâte-toi donc, car nous sommes déjà en retard, et nous sommes attendus par des personnes qui doivent s'impatienter de ma longue absence.

— Je ne pouvais pas remplir ce devoir dans l'intérieur de la maison, car il s'agit d'aller faire mes adieux au tombeau de ma mère, qui se trouve dans le cimetière de la paroisse de Beaumont, à très-peu de distance d'ici.

— Bien, mon enfant, dit le comte d'une voix émue; c'est, en effet, un devoir sacré, auquel je serais désolé de te voir manquer. Ainsi, non-seulement je t'accorde cette permission, mais je veux t'accompagner.

— Merci, mon bon père, » répondit Solange en portant affectueusement à ses lèvres la main qu'il lui présentait.

Et aussitôt ils s'acheminèrent vers le cimetière.

Pendant le trajet, qui fut assez court, M. de Chateaubrun écoutait avec ravissement les expressions de tendresse que lui prodiguait sa fille, et il ne pouvait se lasser de contempler son charmant visage, que les diverses émotions de la journée avaient coloré d'un vif incarnat.

En entrant dans l'enceinte consacrée à la sépulture des chrétiens, le comte fut frappé du changement qui s'opéra en elle. Sa figure, épanouie tout à l'heure, devint tout à coup sérieuse et empreinte d'une douce mélancolie; elle retira le bras droit qu'elle donnait à son père pour faire le signe de la croix; puis, marchant la première, comme pour le guider, dans un sentier assez étroit, qui circulait autour des tombes rustiques, et au milieu de touffes de plantes parasites, elle se dirigea, silencieuse et recueillie, vers un modeste monument en pierre entouré d'un petit grillage en bois. Des fleurs entretenues avec soin, des couronnes d'immortelles placées sur la croix, témoignaient que celle dont la dépouille mortelle reposait dans cet étroit espace était l'objet d'un culte pieux de la part de ceux qui l'avaient aimée de son vivant.

Solange, en arrivant, s'agenouilla au pied de la tombe, et commença sa prière. Le comte, debout derrière sa fille, la tête nue par un sentiment involontaire de respect, regardait tour à tour son enfant et le monument, sur lequel on lisait ces mots :

CI GÎT
NOBLE DAME SOLANGE DE MIREBEAU,
COMTESSE DE CHATEAUBRUN,
NÉE A ... LE...,
DÉCÉDÉE A L'ABBAYE ROYALE DE BEAUMONT-LEZ-TOURS,
LE ...
PRIEZ POUR ELLE!

La vue de cette tombe qui renfermait les restes d'une femme si belle et qu'il avait tant aimée, lui causa une douleur poignante, ou, pour mieux dire, un remords. N'avait-il pas méconnu, pensait-il, cette épouse si tendre et si dévouée? Ne lui avait-il pas causé un chagrin mortel, en lui annonçant qu'il n'appartenait plus à sa religion, et surtout qu'il voulait élever ses enfants dans celle qu'il avait adoptée?... Et si par hasard cette femme si vertueuse était dans le vrai, si sa religion était la seule véritable!

Mais non, ce n'est pas possible, se hâtait-il d'ajouter en lui-même, comme effrayé de cette pensée; non, ce n'est pas possible : ma religion est celle de la raison, de cette raison que Dieu lui-même a donnée aux hommes; l'autre n'est que superstition... Cependant j'avoue qu'en ce moment elle serait pour moi plus consolante que la mienne... Oh! que n'ai-je pour un instant la foi de cette enfant qui prie avec tant de ferveur! je ne sentirais pas l'angoisse qui me déchire le cœur... Je pourrais au moins répondre à l'appel que celle qui n'est plus me fait par ces mots gravés sur cette pierre :

PRIEZ POUR ELLE!

..... Mais je ne peux pas prier pour les morts; ma religion et ma raison me le défendent... Toi, mon enfant, toi qui le peux, tu es mille fois plus heureuse que ton père. Continue de prier avec cette ferveur et cette foi, ce n'est pas moi qui t'en empêcherai jamais; j'en renouvelle ici la promesse que j'en ai faite tout à l'heure.

Pendant ce monologue intérieur, Solange avait achevé sa prière. Elle se leva, et, après avoir prononcé un dernier *requiescat in pace,* elle se retourna du côté de son père. En voyant la figure du comte encore bouleversée par les sentiments divers qui venaient d'agiter son âme, elle ne crut y apercevoir que les signes d'une douleur profonde causée par l'aspect du dernier asile où reposaient les cendres d'une épouse bien-aimée. Elle fut vivement touchée de ces marques de regret données à celle dont le souvenir remplissait son cœur, et elle en sentit un redoublement de tendresse pour son père. Elle lui prit le bras avec affection, l'entraîna rapidement hors du cimetière, et elle s'efforça de faire diversion aux sombres pensées dont il paraissait préoccupé.

« Maintenant, mon père, je suis prête à vous accompagner auprès des personnes qui nous attendent, dit-elle en s'efforçant de sourire. Vous m'avez parlé, je crois, de plusieurs personnes; cependant je ne comptais que sur ma tante, la baronne de Froissac : est-ce qu'il y en aurait d'autres encore?

— Il n'y a que son fils, le baron Gaston de Froissac, qui m'a accompagné jusqu'à Tours, où nous devions rencontrer sa mère.

— Et pourquoi ne sont-ils pas venus avec vous jusqu'à Beaumont?

— Ta tante était fatiguée de son voyage, et son fils, qui ne l'avait pas vue depuis plus d'un an, a voulu rester auprès d'elle pour lui tenir compagnie. »

Le fait est que Mme de Froissac, qui était arrivée à Tours quatre à cinq jours avant son frère et son fils, était parfaitement reposée, et n'aurait pas mieux demandé que d'accompagner son frère, afin de voir plus tôt sa nièce, qu'elle regardait déjà comme sa bru; mais M. de Chateaubrun, qui désirait se trouver seul avec sa fille à cette première entrevue, l'avait, sous divers prétextes, détournée de ce projet. On comprend cette espèce d'égoïsme paternel; si son enfant, qu'il ne connaissait pas, réunissait les qualités et les vertus que son cœur avait rêvées, il voulait être le premier à les reconnaître, à les goûter, à les apprécier; si par malheur elle ne répondait pas à l'opinion qu'il s'en était faite, il voulait aussi être le premier à connaître ses défauts, pour tâcher de les atténuer et de les dissimuler aux yeux des autres, tout en travaillant à les corriger dans l'intimité.

Maintenant qu'il avait trouvé dans sa fille un trésor qui dépassait de beaucoup ses rêves, il voulut prolonger encore ce premier tête-à-tête, malgré l'impatience avec laquelle, disait-il, on les attendait. Il proposa donc à sa fille de faire à pied avec lui le chemin qui les séparait de l'hôtel où sa tante était descendue, si elle croyait pouvoir, sans trop de fatigue, parcourir ainsi ce trajet. D'ailleurs la chaise à porteurs qu'il avait fait venir pour la transporter les suivrait par derrière, et elle y monterait quand elle se sentirait fatiguée, comme le cheval sur lequel il était venu à Beaumont les suivrait également, conduit par son écuyer. Solange accepta cette proposition avec la joie d'une jeune fille qui depuis plusieurs années n'était pas sortie de l'enceinte du couvent, et n'avait vu d'autre horizon que celui qui était circonscrit par les murs de clôture. Puis il faisait un temps magnifique, une de ces belles journées du mois de mai, plus belles encore en Touraine qu'en aucun autre pays; l'air était embaumé des émanations des fleurs dont les prairies d'alentour étaient émaillées; le soleil, à son déclin, avait perdu la trop grande chaleur de ses rayons; tout, en un mot, invitait à la promenade.

Le père et la fille s'acheminèrent donc lentement vers la ville, comme pour savourer plus longtemps le charme de cette délicieuse journée; mais, en réalité, le comte ne considérait guère les beautés de la nature; sa fille l'occupait uniquement, et il tenait à prolonger le bonheur qu'il goûtait d'être seul avec elle.

Après l'avoir longtemps interrogée sur ses souvenirs d'enfance, sur ses occupations au couvent, sur ses études, sur les connaissances qu'elle avait acquises, il lui parla de son avenir, de ses projets pour le complément de son éducation. Il lui peignit sa tante de Froissac comme une seconde mère, qui l'aimerait comme sa fille; il lui parla de son cousin Gaston, qu'il aimait comme un fils, et qu'elle devait regarder comme un frère; car, après son père, c'étaient ses plus proches parents.

Cet entretien dura pendant tout le trajet, qui leur parut extrêmement court. Enfin ils arrivèrent à l'hôtel. Mme de Froissac reçut sa nièce avec l'empressement et les vives démonstrations de tendresse d'une mère qui revoit son enfant après de longues années d'absence.

Mme de Froissac, quoique âgée de deux à trois ans de plus que son frère, paraissait bien plus jeune ; car les fatigues de la guerre et les soucis de l'ambition avaient vieilli le comte avant l'âge, tandis que la baronne, dont le caractère était insouciant et léger, n'offrait que peu de prise aux chagrins et aux inquiétudes profondes et de longue durée. Ajoutons à cela le soin qu'elle prenait de sa toilette et l'art avec lequel elle savait dissimuler les ravages du temps, et l'on comprendra que la baronne de Froissac, qui avait passé la cinquantaine, ne paraissait pas avoir plus de quarante ans. Au demeurant, c'était une femme d'un cœur excellent, et capable, dans certaines circonstances, du plus grand dévouement pour ceux qu'elle aimait. Elle avait pour son frère, comme chef de la famille, une sorte de déférence respectueuse mêlée à une sincère amitié ; aussi c'était avec la plus entière confiance qu'elle avait remis entre ses mains son fils, objet de l'affection la plus vive qu'elle eût jamais ressentie.

L'absence de ce fils si cher avait été pour elle la source du plus grand chagrin qu'elle eût éprouvé de sa vie ; mais les projets de son frère sur cet enfant l'avaient bientôt consolée, et elle espérait trouver dans la compagnie de Solange, dans les soins qu'elle allait lui donner pour la préparer à l'accomplissement de ces projets, une distraction propre à lui faire supporter patiemment l'ennui d'une nouvelle séparation et l'attente de la réalisation d'une union objet de tous ses vœux.

La vue de Solange lui causa une impression d'autant plus agréable qu'elle s'était attendue, d'après ce que lui en avait dit son frère, à ne trouver qu'une enfant dans sa nièce, tandis qu'elle y trouvait une jeune personne déjà grande et développée, d'une beauté ravissante, et qui ne pourrait manquer de plaire à son fils. L'idée que cette circonstance avancerait probablement l'exécution des projets du comte se présenta aussitôt à son esprit, et c'est sous l'empire de ces pensées, qui souriaient à son cœur maternel, que Mme de Froissac fit à Solange l'accueil dont nous avons parlé.

Solange, sensible aux démonstrations d'amitié que lui faisait sa tante, lui répondit avec une naïve effusion de tendresse qui fit redoubler les caresses de la baronne, et qui combla de joie le père, témoin de cette scène.

Quand ces premiers transports furent passés, le comte alla prendre par la main son neveu, resté debout et silencieux derrière sa mère, pendant qu'elle prodiguait ses caresses à sa cousine. Il l'amena auprès de Solange, et lui dit :

« Ma fille, voici ton cousin Gaston, dont je t'ai parlé; tu sais que je t'ai dit que je l'aimais comme un fils...

— Et moi, reprit vivement Solange, je l'aimerai comme un frère; » et elle tendit sa main au jeune homme, qui la prit en tremblant :

« Allons, Gaston, embrasse ta cousine... »

Gaston rougit en effleurant de ses lèvres le front de Solange; celle-ci, au contraire, reçut le baiser de son cousin sans embarras, sans émotion, avec toute la naïveté de l'innocence la plus pure, et comme elle aurait reçu le chaste baiser d'un frère.

Le comte échangeait pendant ce temps-là un coup d'œil d'intelligence avec sa sœur, puis la conversation devint générale. On parla du voyage de Chateaubrun, du séjour qu'on y ferait, de la manière dont on y emploierait son temps jusqu'au départ du comte et de son neveu pour l'armée.

Le comte aurait voulu partir pour Chateaubrun dès le lendemain matin; mais Mme de Froissac fit observer qu'il valait mieux attendre un jour ou deux de plus pour faire les emplettes nécessaires à la toilette de Solange, qui ne pouvait pas rester désormais avec son costume de pensionnaire. Le comte y consentit, et la journée du lendemain fut en entier consacrée à l'achat des plus riches étoffes que Mme la baronne pût se procurer dans les boutiques de Tours.

Enfin, le surlendemain, la petite caravane se mit en route. Nous disons petite caravane; car, outre le comte, sa sœur et leurs enfants, il y avait un écuyer et deux domestiques attachés au service de M. de Chateaubrun, un domestique de la baronne, et deux femmes de chambre, qu'elle avait amenées avec elle du Béarn, enfin une femme de chambre qu'on avait engagée à Tours pour le service de Solange. Tout ce monde voyageait à cheval; à cette époque les routes étaient en fort mauvais état, et ne valaient pas nos plus mauvais chemins vicinaux d'aujourd'hui. L'usage des carrosses ou voitures suspendues était encore inconnu, si ce n'est pour les personnes royales; encore ne s'en servaient-elles que dans les villes, et rarement pour de longs voyages (1).

(1) Sous François Ier, on ne comptait que trois carrosses : celui de la reine, celui de Diane de Poitiers, et celui du maréchal de Bois-Dauphin, à qui son énorme corpulence ne permettait ni de monter à cheval, ni de

La petite troupe s'acheminait dans l'ordre suivant, établi par le comte, selon ses habitudes militaires. Un de ses domestiques, bien armé, marchait en avant pour servir de guide et d'éclaireur. Lui-même suivait à quelque distance avec sa fille; derrière eux la baronne et son fils; ensuite venaient les trois femmes de service, puis les trois domestiques conduisant des mulets chargés de bagages; enfin l'écuyer du comte fermait la marche, et composait à lui seul l'arrière-garde.

Cet arrangement permettait à chacun de s'entretenir avec la personne qui chevauchait à son côté, sans être entendu de ceux qui étaient devant ou derrière. C'était précisément ce qu'avait voulu M. de Chateaubrun, pour pouvoir causer en particulier avec sa fille; car il n'avait pu le faire depuis leur promenade de Beaumont. Il lui demanda d'abord si sa tante lui avait plu, et si elle pensait pouvoir s'accoutumer à elle.

Solange répondit qu'elle croyait que rien ne lui serait plus facile; que, dès l'abord, elle l'avait trouvée d'une affabilité et d'une bonté qui avaient sur-le-champ gagné son cœur, et que les témoignages multipliés d'affection qu'elle en avait reçus depuis lui paraissaient une garantie suffisante pour l'avenir.

« Et ton cousin Gaston, comment l'as-tu trouvé? demanda ensuite le comte.

— Fort bien; mais il m'a très-peu parlé, et, entre nous, je vous avouerai une chose, c'est que j'aurais préféré une cousine à un cousin; j'aurais pu en faire mon

---

marcher. — En 1586, c'est-à-dire près de trente ans après l'époque où se passe notre histoire, les seigneurs et les dames de la cour de Henri III venaient encore au Louvre à cheval, et se présentaient dans les réunions ou dans les dîners avec leurs éperons.

amie, ma compagne, tandis qu'il ne peut pas exister la même intimité avec Gaston, quand même il serait réellement mon frère... Puis il va bientôt nous quitter, tandis que ma cousine serait restée avec moi.

— Tu es une petite égoïste, dit en riant M. de Chateaubrun ; si Gaston était une fille, il ne pourrait m'accompagner à l'armée, et je serais privé de la société d'un jeune homme rempli de bonnes qualités, et que je regarde comme un fils.

— Vous avez raison, mon père, et je n'y pensais pas.

— Vois-tu, ma fille, la Providence a arrangé les choses pour le mieux. Elle ne m'a laissé qu'une fille ; elle m'a dédommagé des fils que j'avais perdus en m'en donnant un tel que je pouvais le désirer, tel que n'auraient peut-être pas été ceux que j'ai perdus ; d'un autre côté, ta tante, qui aurait vivement désiré avoir une fille, en trouve une qui la dédommagera amplement, je l'espère, de cette privation, en même temps qu'elle la consolera de l'absence de son fils quand ses devoirs de gentilhomme le forceront à s'éloigner d'elle. Ainsi nos liens de famille se resserreront de plus en plus, et ta tante et moi nous nous habituerons chacun à voir en vous nos deux enfants. »

Solange applaudit à cette pensée de son père, sans comprendre toutefois l'intention cachée qu'elle renfermait, s'imaginant toujours qu'il ne s'agissait que d'une union purement fraternelle entre elle et son cousin, comme serait l'union filiale qui allait se former entre son père et Gaston, entre sa tante et elle.

Le père et la fille continuèrent à s'entretenir ainsi jusqu'à la halte que fit la petite caravane dans un charmant vallon, sur les bords du Cher. Les valets étalèrent sur l'herbe un copieux déjeuner, auquel nos voyageurs firent honneur. Après s'être rafraîchi et avoir fait reposer les montures, on se remit en route à peu près dans le même ordre que le matin; seulement, sur l'invitation du comte, Gaston alla le remplacer auprès de Solange et servir d'écuyer à sa cousine, tandis que M. de Chateaubrun prit place à côté de Mme de Froissac. Le frère et la sœur, comme on le devine, avaient besoin de parler ensemble de leurs enfants.

« Comment trouvez-vous ma petite pensionnaire? dit avec une expression de satisfaction prononcée M. de Chateaubrun.

— Charmante, mon frère, charmante, répondit sur le même ton la baronne. Je ne puis me lasser de la voir ni de l'entendre.

— Allons, je vois que vous êtes, chacune de votre côté, on ne peut plus contente l'une de l'autre. J'espère que tout s'arrangera pour le mieux. Et Gaston, que dit-il de sa cousine?

— Le pauvre garçon est tout désorienté. Figurez-vous qu'il s'était attendu à voir une petite fille avec laquelle il se familiariserait comme avec une enfant, et voilà qu'il se trouve tout à coup en présence d'une grande demoiselle, dont l'aspect lui a imposé tellement, que, vous avez dû le remarquer, il a rougi et tremblé en l'embrassant. Il me disait encore tout à l'heure qu'il éprouvait pour elle un sentiment de respect qui le rendait embarrassé et presque honteux en sa présence... Je suis persuadée qu'en ce moment-ci il n'ose pas adresser la parole à Solange, et je crains qu'elle ne le trouve gauche et peu spirituel.

— Ne craignez pas que Solange porte ce jugement sur son cousin ; cette réserve de la part de celui-ci lui paraîtra toute naturelle, ou plutôt elle ne s'en apercevra même pas. Solange, malgré son apparence, n'est encore en réalité qu'une enfant, qui s'ignore elle-même et qui n'a aucune idée de ce qui pourrait frapper l'esprit d'une jeune personne élevée dans le monde. Pour mon compte, je suis très-content de cette timidité de Gaston ; elle me prouve qu'il n'a pas cet esprit présomptueux et plein d'assurance, trop commun aux jeunes gens de son âge qui ont vécu à la cour. Solange, qui le regarde comme un frère, l'encouragera d'elle-même à lui parler comme à une sœur ; c'est là tout ce que nous devons désirer pour le moment.

— Mais, mon frère, j'avais pensé, en voyant Solange presque une grande fille, que nous pourrions réaliser beaucoup plus tôt le projet que vous avez formé pour eux.

— Comme je vous l'ai dit tout à l'heure, Solange n'est encore qu'une enfant sous certains rapports ; mais, sous d'autres, elle est beaucoup plus avancée que je ne m'y étais attendu. Ainsi, du côté de la religion, je croyais trouver une enfant fort ignorante, et qu'il serait facile de débarrasser des langes dont on avait entouré sa raison dès le bas âge ; je m'étais étrangement trompé : Solange a étudié sa religion comme aucune femme ne l'étudiait de mon temps ; toutes les facultés de son esprit, tous les sentiments de son cœur ont été consacrés à cette étude, et aujourd'hui cette religion est tellement identifiée avec elle, qu'elle fait en quelque sorte partie de son existence. J'ai dû en conséquence changer complétement la résolution que j'avais

8*

formée de chercher à l'attirer à notre religion, j'en ai même pris l'engagement formel avec l'abbesse de Beaumont, et je suis bien décidé à tenir ma parole. J'ai reconnu, en causant avec Solange, qu'une tentative de cette nature n'aurait d'autre effet que de lui ôter une partie de son affection pour moi et de perdre sa confiance. D'après ce que je viens de vous dire, vous devez donc regarder comme non avenu ce que je vous ai écrit dans ma lettre à ce sujet. Vous la laisserez parfaitement libre de suivre tous les exercices, toutes les pratiques de sa religion, sans rien tenter pour l'en détourner, ni par des conseils, ni par des railleries. Plus tard, si sa raison plus éclairée lui fait voir les abus qui règnent dans le catholicisme, elle viendra bien d'elle-même à la vraie religion évangélique? mais jusque-là je veux qu'elle soit entièrement libre. Les mêmes motifs qui m'empêchent de solliciter Solange à changer de religion me forceront peut-être à retarder le mariage projeté, loin de l'avancer, comme vous le pensiez.

— Mais pourquoi, mon frère, le retarder? demanda la baronne avec une expression visible d'anxiété.

— Pourquoi, ma sœur? Parce que, ne voulant pas tourmenter Solange au sujet de sa religion, je ne veux pas la forcer, si elle n'y consent pas d'elle-même, à prendre un époux qui ne serait pas catholique.

— Alors vous renoncez à votre projet? dit la baronne évidemment contrariée.

— Non certes, je n'y renonce pas; mais je ne veux employer que les moyens de persuasion pour réussir; et c'est à vous et à votre fils, si vous y tenez, de me seconder. Que Gaston se montre toujours digne de sa cousine par sa conduite et par ses bonnes qualités, et je vous assure que Solange saura bien le distinguer, et qu'après l'avoir aimé comme un frère, elle n'aura aucune répugnance à l'aimer comme époux, lorsque je le lui présenterai en cette qualité. En attendant ce sera à vous, ma sœur, de travailler à détruire en elle le préjugé qui pourrait s'opposer à nos desseins, et pour cela vous n'avez qu'à gagner sa confiance, à vous en faire aimer, à employer enfin toutes ces petites ruses féminines que je ne saurais vous indiquer, et vous parviendrez facilement à lui faire comprendre que, tout en restant bonne catholique, elle peut épouser un protestant, ainsi que l'a fait sa mère, surtout quand ce mariage comblerait les vœux de son père. »

Pendant que son frère parlait, M*me* de Froissac, avec la mobilité d'esprit et la légèreté de caractère que nous lui connaissons, avait imaginé un moyen d'arriver au résultat qui flattait tant ses espérances, sans courir la chance d'un refus de la part de Solange motivé sur la différence de religion. Il faut dire, pour expliquer la proposition que va faire la baronne, qu'elle avait embrassé le protestantisme par des motifs beaucoup moins sérieux que ceux qui avaient entraîné le comte à suivre ces nouveautés. Celui-ci avait au moins quelques idées arrêtées sur la religion ; il avait appris de la bouche de Calvin lui-même, et il en était fier, les principaux dogmes de cette religion ; il se piquait d'un certain puritanisme, à l'exemple du maître : tout cela, mêlé il est vrai de maintes contradictions, de vues ambitieuses, d'orgueil nobiliaire, de doute, et parfois d'inquiétude, et même de remords. M*me* de Froissac, au contraire, était devenue calviniste parce que c'était la mode de la cour de Navarre, parce que sa marraine, Marguerite de Valois, favorisait ouvertement les réformés; mais, comme la reine de Navarre, elle n'était au fond ni catholique ni protestante; comme cette princesse, elle en était arrivée rapidement à la conséquence qu'entraînent nécessairement après elles ces nouvelles doctrines, c'est-à-dire au doute, à l'indifférence, au déisme. A l'exemple de tant d'autres personnes de l'un et de l'autre sexe, elle avait accepté la nouvelle religion comme beaucoup plus commode que l'ancienne, parce qu'elle affranchissait d'une foule d'obligations gênantes, telles que la confession, le jeûne, les abstinences et tant d'autres.

Ces observations faites, nous reprenons la conversation du frère et de la sœur.

Mais, mon frère, n'y aurait-il pas un moyen d'arranger les choses sans nous donner tant d'inquiétude? Puisque vous ne voulez pas contrarier Solange à propos de sa religion (et je suis là-dessus parfaitement d'accord avec vous), et qu'en même temps vous n'êtes pas exempt de doute sur son consentement à épouser un protestant, il y aurait, ce me semble, un moyen de nous affranchir de ces craintes, ce serait que Gaston se fît catholique.

— Y pensez-vous, ma sœur, vous que je croyais si ferme dans votre foi, vous qui avez vécu si longtemps à la cour de Navarre, où vous avez eu le bonheur d'entendre Berquin et Dolet, deux martyrs de notre religion (1), le grand Calvin lui-même, et notre poëte

---

(1) Louis Berquin, gentilhomme artésien, conseiller du roi François Ier, condamné à mort par le parlement pour crime d'hérésie, et exécuté en 1529; Étienne Dolet, auteur et imprimeur d'un grand nombre d'ouvrages contre la foi catholique, condamné à mort et exécuté en 1546. Calvin,

Marot, vous feriez si bon marché de la religion de votre fils?

— Entre nous, mon frère, je crois les deux religions également bonnes; car, après tout, la nôtre n'est que la fille de la religion catholique, et toute la différence qu'il y a entre elles, c'est que la fille s'habille plus simplement que la mère, qui conserve obstinément sa toilette surannée et tous ses oripeaux passés de mode.

— Voilà, ma sœur, une comparaison bien digne d'une femme, observa le comte d'un ton d'aigreur. Et croyez-vous que votre fils soit aussi facile à changer de religion que de toilette, comme vous semblez le donner à entendre?

— Ma comparaison vous a choqué, mon frère; elle n'est pas de moi, je vous en préviens : elle est de ma digne et honorée maîtresse, la reine de Navarre, renommée, comme vous le savez, pour sa science profonde. Je lui ai souvent entendu dire qu'elle estimait autant un bon et brave catholique qu'un bon et brave protestant; et que, pourvu qu'un homme fût probe, loyal, compatissant envers ses frères, qu'une femme remplit convenablement ses devoirs d'épouse et de mère, l'un et l'autre pouvaient également se sauver, n'importe à laquelle des deux religions ils appartinssent. Je pense à cet égard comme ma marraine, et je serai loin de m'opposer à ce que Gaston, s'il le juge convenable, change de religion pour épouser sa cousine.

— Et moi je m'y opposerai! s'écria le comte avec un

Jules Scaliger et d'autres protestants contemporains, qui avaient été blessés par l'esprit satirique de Dolet, prétendent qu'il ne fut point condamné comme hérétique, mais comme athée.

mouvement de colère. Je regarderais une telle conduite de la part de Gaston comme indigne d'un loyal gentilhomme, et je lui refuserais certainement la main de ma fille s'il était capable de commettre une pareille lâcheté. C'est avec des principes comme ceux que vous venez de manifester qu'on détruira le bien que devait produire la réforme; car que voulons-nous, nous autres vrais partisans de la doctrine évangélique? Nous ne voulons point l'abolition de l'ancienne religion, mais seulement sa réforme, c'est-à-dire l'abolition des abus qui s'y sont introduits (1), et vos principes, ma sœur, tendent à la destruction de toute religion, et conduisent directement à l'athéisme.

— Calmez-vous, mon frère, je vous en prie, reprit avec douceur Mme de Froissac, qui craignait de l'irriter; je suis loin d'être athée, je vous le certifie. Seulement ce que j'ai voulu vous dire, c'est que je pense qu'on peut faire son salut dans la religion catholique comme dans la nôtre : autrement nous serions forcés de croire

(1) C'étaient, en effet, les seuls résultats que prétendaient obtenir les soi-disant réformateurs du xvie siècle; mais une fois que ces apôtres sans mission eurent touché à l'arche sainte, ils ne se bornèrent pas à combattre quelques abus réels que l'Église elle-même a condamnés; ils s'attaquèrent aux dogmes, à la discipline, à la hiérarchie, à la tradition, aux décrets des conciles, etc. etc., en un mot, à tout ce qui constitue l'Église elle-même; de sorte que, selon l'expression pittoresque d'Érasme, ils mirent le feu à la maison pour en balayer quelques ordures. Les conséquences de cette prétendue réforme ne tardèrent pas à se faire sentir; et elles furent précisément celles qu'indique ici le comte de Châteaubrun, et auxquelles les premiers novateurs prétendaient vouloir s'opposer, c'est-à-dire le scepticisme, la destruction de toute religion, le déisme et l'athéisme.

Plus on étudiera avec soin, plus on approfondira la doctrine de Luther, de Calvin et des autres hérésiarques du xvie siècle, plus on reconnaîtra avec la dernière évidence que c'est là que conduit fatalement cette doctrine.

que tous nos ancêtres, tous ces preux chevaliers dont vous êtes si fier de descendre, tant d'autres héros dont nous admirons les vertus, en un mot, tous les chrétiens qui depuis plus de quinze siècles ont professé cette religion, sont damnés, et que la porte du salut n'a été ouverte que depuis trente ans à peine, par Luther d'abord, et par ses imitateurs ensuite. »

L'explication donnée par la baronne était de nature à irriter plutôt qu'à calmer M. de Chateaubrun, d'autant plus qu'il eût été assez embarrassé de répondre à une objection aussi grave contre la nécessité d'une réforme; mais il ne voulait pas se fâcher avec sa sœur, et il se hâta de mettre fin à leur discussion en éludant de répondre à son observation.

« Il y aurait beaucoup de choses à dire sur l'opinion que vous venez d'émettre; mais il faudrait entrer dans une controverse tout à fait déplacée en ce moment : je me bornerai à vous faire observer que, comme vous, je crois que les catholiques des siècles passés ont pu faire leur salut dans leur religion; que ceux d'aujourd'hui qui sont de bonne foi peuvent le faire également; sans cela je n'aurais pas consenti si facilement à laisser ma fille dans cette religion : mais je soutiens que, quand on a eu le bonheur d'avoir été élevé dans la religion réformée ou de l'avoir embrassée, on ne saurait sans danger pour le salut de son âme retourner au catholicisme, que je considère comme une véritable idolâtrie. »

En ce moment Solange et Gaston, qui s'étaient arrêtés depuis quelque temps à regarder un magnifique château qu'ils apercevaient à peu de distance à travers les allées d'un parc immense, tournèrent bride, et revinrent vers leurs parents. Quand ils furent à quelques pas, Mme de Froissac, qui n'était pas fâchée de cette diversion apportée à une conversation dont elle commençait à se fatiguer, demanda :

« Eh bien ? qu'y a-t-il de nouveau, mes enfants, qui vous oblige à revenir sur vos pas ?

— Nous venons demander à mon père, répondit Solange, le nom de ce beau château qu'on aperçoit là-bas au bout de cette longue avenue de peupliers, et si nous ne pourrions pas le visiter en passant.

— Mon enfant, répondit le comte, c'est le château de Chenonceaux (1), résidence quasi royale qui appartient à madame la duchesse de Valentinois. Nous n'avons pas le temps aujourd'hui de le visiter, mais nous y reviendrons dans quelques jours. C'est une construction d'un genre tout nouveau, et qui mérite d'être vue. Elle vous rappellera, mon cher Gaston, quelques-uns des édifices que nous avons admirés ensemble en Italie. Mais je m'étonne, Solange, que tu n'aies pas pu dire à ton cousin le nom de ce château ; car tu y es venue plusieurs fois pendant ton enfance, et tu as dû en entendre souvent parler quand tu habitais Chateaubrun,

---

(1) Le château de Chenonceaux, à trente-deux kilomètres de Tours, a été fondé en 1515, par Thomas Bohier. François Ier l'acheta en 1535, et après lui Henri II le donna à Diane de Poitiers avec le duché de Valentinois. Elle déploya pour l'embellir la magnificence et le goût qui lui étaient naturels ; mais à la mort du roi, Catherine de Médicis la contraignit à le lui céder en échange de la terre de Chaumont-sur-Loire, et en acheva les travaux avec une pensée d'orgueilleuse émulation. Chenonceaux, construit sur un pont qui traverse le Cher, est un des rares monuments de cette époque qui ont échappé aux ravages du temps et de la main des hommes, plus destructive encore. Il appartient actuellement à M. Pelouze, et ne cesse d'être le but des nombreuses visites des curieux et des artistes qui viennent admirer ce gracieux séjour, habité dès l'origine par des personnages célèbres.

puisqu'on l'aperçoit du haut du donjon de notre manoir.

— Cela est vrai, mon père; mais il y a si longtemps que je ne l'ai vu, que je ne pouvais le reconnaître; d'ailleurs je le croyais encore bien loin, bien loin. En ce cas, nous sommes plus près de Chateaubrun que je ne pensais.

— Dans une heure et demie au plus nous serons arrivés, ma fille, dit le comte.

— Puisque le chemin vous a paru si court, cela prouve, ma nièce, que vous ne vous êtes pas trop ennuyée dans la compagnie de Gaston, observa la baronne.

— Mais non, ma tante; il me racontait ses voyages et ses campagnes avec mon père : je ne pouvais pas m'ennuyer à un tel récit.

— Et toi, Solange, que disais-tu à ton cousin? demanda à son tour M. de Chateaubrun.

— Je n'en sais trop rien... Il a désiré savoir si je me plaisais beaucoup au couvent, et je lui ai parlé de nos jeux, de nos récréations, d'une foule d'histoires que j'ai entendu raconter. A coup sûr, tout cela n'a pas dû l'amuser beaucoup, ni l'intéresser autant que l'a fait pour moi le récit de ses voyages.

— Vous vous trompez, ma cousine, se hâta de dire Gaston; tout ce que vous m'avez raconté m'a vivement intéressé, et la preuve, c'est que je n'en ai pas oublié un mot, et que je pourrais vous le répéter d'un bout à l'autre.

— Oh! je vous en dispense, mon cousin; cela n'en vaut pas la peine.

— Bon! se dit tout bas Mme de Froissac; la glace est

rompue, et je vois que Gaston ne s'en est pas trop mal tiré pour son début. »

Le reste de la route n'offrit rien d'intéressant, et nos voyageurs, un peu fatigués d'une si longue traite, arrivèrent sur le déclin du jour à Châteaubrun.

CHAPITRE XII

Séjour à Chateaubrun. — Départ de M. de Chateaubrun et de Gaston. — Occupation de Solange à Chateaubrun. — La correspondance. — Les visites. — La toilette. — Les bonnes œuvres. — Opinion de Mme de Froissac sur ce sujet. — Réponse de Solange. — Le ministre protestant.

Le comte de Chateaubrun et son neveu ne restèrent qu'un mois environ dans le vieux manoir de la famille après y avoir installé la baronne et Solange. Pendant ce temps, le comte s'entendit définitivement avec sa sœur sur les moyens à employer pour arriver à l'exécution de leurs projets sans contrarier les idées religieuses de Solange. Gaston fut mis dans la confidence, mais avec recommandation expresse de n'en rien dire à sa cousine, et de se borner, pendant son séjour à Châteaubrun, à se montrer auprès d'elle ce qu'il avait été pendant le voyage de Tours au château, c'est-à-dire comme un frère aîné, rempli d'attentions et de complaisances pour sa jeune sœur. Mme de Froissac devait seule, quand le moment serait arrivé, annoncer à sa nièce les intentions de son père au sujet de son mariage. Dans un entretien particulier qu'elle eut avec son fils, la baronne lui parla des seules difficultés qu'elle craignait de la part de Solange, à cause de la différence de religion ; elle lui fit part de la conversation qu'elle avait eue à ce sujet avec son frère, et du moyen qu'elle avait imaginé pour lever cet obstacle, mais non de l'opposition qu'elle avait trouvée dans le comte, qui s'était presque fâché avec elle à ce sujet.

« Et moi aussi, ma mère, répondit Gaston, je suis de l'avis de mon oncle. J'aime bien ma cousine, et jamais une autre femme ne sera mon épouse ; mais s'il fallait, pour me marier avec elle, renoncer à ma religion, j'aimerais mieux rester célibataire que de commettre une apostasie indigne d'un gentilhomme.

— Vas-tu te fâcher aussi ? reprit la baronne en remarquant l'animation avec laquelle son fils avait prononcé ces derniers mots. Je ne suis pas d'humeur à recommencer avec toi la querelle que j'ai eue avec ton oncle. J'ai indiqué le moyen qui me paraissait le plus simple ; il ne vous convient ni à l'un ni à l'autre, n'en parlons plus. Je ferai tous mes efforts pour que nous réussissions sans cela ; mais si nous échouons, on ne pourra pas m'en attribuer la faute. »

Solange avait été logée dans l'appartement de sa mère. Son père avait voulu qu'elle occupât dès à présent les chambres spécialement réservées à la châtelaine de Chateaubrun. Tout y était resté dans le même ordre que du temps de la dernière comtesse de Chateaubrun. Solange retrouva à leur même place tous les objets qui lui étaient familiers et qui avaient appartenu à sa mère :

son lit élevé, garni de ses épais rideaux de damas, avec le ciel supporté par quatre colonnes ; tout auprès, le crucifix suspendu à la tapisserie qui recouvrait la muraille ; au bas, le prie-Dieu sur lequel elle avait l'habitude de s'agenouiller pour faire sa prière, et, tout à côté, le bénitier surmonté d'une branche desséchée de buis bénit ; puis, auprès de la chambre à coucher, elle retrouva le petit oratoire où sa mère avait coutume de se retirer pour méditer, ou réciter les offices de l'Église, quand des circonstances majeures l'empêchaient de se rendre à la paroisse du village.

Solange passa toute la première journée de son arrivée au château à visiter et à reconnaître tous ces objets. Souvent des larmes mouillèrent ses paupières aux souvenirs qui s'éveillaient en elle ; souvent aussi elle s'agenouilla sur le prie-Dieu dont nous avons parlé, ou dans l'oratoire, et alors des prières se mêlaient aux larmes et en adoucissaient l'amertume.

Le dimanche suivant, Solange se rendit à la messe paroissiale. A son grand étonnement, son père, sa tante et son cousin voulurent l'accompagner. Tous ensemble prirent place au banc seigneurial, vide depuis tant d'années de ses nobles possesseurs. Tous les assistants n'avaient pas assez d'yeux pour contempler leur seigneur et sa famille, et cette apparition inattendue causa plus d'une distraction pendant l'office. De son côté, le comte promenait des regards froids et distraits sur l'assemblée, tandis que Gaston et sa mère ne cessaient de causer à voix basse. Quant à Solange, dès qu'elle fut entrée à l'église et qu'elle fut agenouillée à sa place, elle ne vit et n'entendit rien de ce qui se passait autour d'elle. Entièrement absorbée par la sainteté du sacrifice auquel elle avait le bonheur d'assister, elle en suivait toutes les différentes parties en unissant ses prières et ses intentions aux prières et aux intentions du célébrant. Elle n'eut qu'un instant de distraction, ce fut quand on vint offrir à son père le pain bénit et l'encens, comme un hommage rendu au seigneur de la paroisse. Elle ne pouvait concilier cet acte, qui avait en soi un caractère religieux, avec les opinions qu'elle connaissait à son père, et elle était étonnée qu'il n'eût pas exigé qu'on s'abstînt de cette cérémonie. Mais c'était précisément, comme elle le sut plus tard, le motif pour lequel il était venu à l'église. Cet hommage était un droit seigneurial, et, quoiqu'il fût en opposition avec ses idées religieuses, il était trop jaloux des prérogatives de la noblesse pour le laisser tomber en désuétude.

Dans l'après-midi, Solange assista seule, avec sa femme de chambre, à vêpres et au salut. Pas un mot, pas une observation ne lui fut adressée sur cette journée. Les dimanches suivants se passèrent de même, et si, pendant la semaine, Solange témoignait le désir d'aller entendre une messe basse, on s'empressait de mettre à sa disposition un cheval pour la transporter à l'église, et un domestique pour l'accompagner. Ainsi elle reconnut avec joie que son père la laisserait parfaitement libre dans l'exercice de sa religion.

Presque tous les jours des parties de chasse et de pêche, ou des promenades variées étaient organisées par le comte pour distraire sa fille et ses hôtes.

Enfin le moment de la séparation arriva. Elle devait être longue, elle pouvait même être éternelle; car la guerre à laquelle allaient prendre part le comte et son neveu s'annonçait sous de terribles auspices.

Philippe II, avec une armée nombreuse, commandée par le duc de Savoie, menaçait notre frontière du nord. Les meilleures troupes françaises étaient en Italie avec le duc de Guise, et le roi de France, Henri II, ne pouvait opposer à l'armée espagnole que des soldats allemands, commandés par l'amiral de Coligny, gouverneur de Picardie, et ceux qui se trouvaient sous les ordres du duc de Nevers, gouverneur de Champagne. C'était auprès de Coligny qu'allaient se rendre M. de Chateaubrun et Gaston.

La séparation fut douloureuse de part et d'autre, et longtemps après le départ des deux guerriers, les larmes coulèrent encore des yeux de la mère, qui pleurait son fils, de la fille, qui pleurait son père. Nous devons dire de plus que si l'absence de son frère ajoutait au chagrin de Mme de Froissac, l'absence de son cousin augmentait aussi la douleur de Solange; car elle avait complétement répondu au desir de son père, et elle aimait Gaston avec toute l'affection qu'une sœur peut porter à son frère.

Bientôt de tristes nouvelles arrivèrent de l'armée. La ville de Saint-Quentin, où le comte et Gaston avaient rejoint Coligny, avait été investie par l'armée ennemie. Une terrible bataille, livrée par le connétable de Montmorency, le 10 août, pour faire lever le siége, avait été perdue par l'armée française; Coligny se défendait en désespéré dans cette place, qui fut enfin obligée de se rendre le 27 août.

La baronne et sa nièce apprirent toutes ces nouvelles par la rumeur publique; et ce qui augmentait encore leur inquiétude, c'était le silence du comte et de son neveu. Sans doute il leur était difficile d'écrire; ils ne le pouvaient pas pendant le siége, puisque les communications étaient interrompues; mais depuis, qu'étaient-ils devenus? Étaient-ils prisonniers, ou blessés, ou peut-être morts?

On comprend combien de pareilles pensées agitaient cruellement leur âme. Mme de Froissac se livrait parfois à de violents accès de désespoir; Solange, non moins affligée qu'elle, trouvait dans la prière des consolations qui manquaient à sa tante. Elle cherchait à la rassurer, à la ranimer, à lui faire partager la confiance qu'elle avait en Dieu; mais Mme de Froissac était insensible à ces consolations de la religion; seulement elle disait quelquefois à sa nièce :

« Vous êtes bien heureuse, mon enfant, d'avoir la foi : que ne puis-je vous ressembler! »

Enfin arriva une lettre de M. de Chateaubrun qui vint dissiper tant d'alarmes. Il racontait les désastres de cette malheureuse campagne, et la part qu'il y avait prise avec Gaston : ils avaient eu le bonheur l'un et l'autre de n'être pas blessés, quoiqu'ils se fussent trouvés à la défense meurtrière de Saint-Quentin, et qu'ils ne se fussent point épargnés. Il faisait l'éloge du courage et du sang-froid de Gaston, qui s'était plus d'une fois signalé sous les yeux de l'amiral de Coligny. Dans une sortie de la garnison, Gaston avait fait prisonnier un des principaux officiers du duc de Savoie, et l'avait relâché sans rançon. Grâce à cette générosité, après la reddition de la place il avait obtenu sa liberté et celle de son oncle par l'intermédiaire de ce même officier.

« Ainsi, disait M. de Chateaubrun, c'est à mon neveu que je dois de ne pas être prisonnier, et je l'en aimerais davantage, si cela eût été possible; mais j'espère que

Solange redoublera d'affection pour son frère en apprenant cette circonstance. »

Il terminait sa lettre en disant qu'ils avaient espéré aller passer l'hiver à Chateaubrun, mais que maintenant cela était impossible, ils étaient obligés de rester dans les quartiers d'hiver avec leurs soldats, dont on craignait la désertion.

La joie de Mme de Froissac éclata par des transports aussi bruyants qu'avaient été ceux de sa douleur. La joie de Solange n'était pas moins vive; mais elle était plus contenue. Elle commença par remercier Dieu de toute son âme de lui avoir conservé son père et son frère (car c'était le nom que, dans l'intimité de son cœur et devant Dieu, elle donnait à Gaston, quoiqu'elle continuât devant sa tante de l'appeler son cousin); puis, embrassant tendrement la baronne :

« Eh bien! lui dit-elle, ma bonne tante, n'avais-je pas raison de vous dire d'avoir confiance en Dieu?

— Oui, mon enfant, tu avais raison; mais, ajouta-t-elle avec un soupir, ils ne sont pas encore hors de danger! cette malheureuse guerre n'est pas finie!

— Ne vous alarmez pas d'avance, chère tante; le même Dieu qui les a préservés les préservera encore. Comme je vais le prier avec ferveur!

— Oh! si je pouvais le prier comme vous, ma nièce, que j'aurais de plaisir à unir mes prières aux vôtres!

— Et pourquoi ne le pourriez-vous pas?

— Malheureusement je n'ai pas votre foi, et mes prières ne sauraient être agréables à Dieu comme les vôtres. En vérité, ma chère nièce, depuis que je vous connais, je regrette parfois de ne pas être catholique comme vous.

— Et qui vous empêche de le devenir, ma bonne tante? reprit vivement Solange.

— Oh! d'abord il faudrait convaincre mon esprit de choses auxquelles ma raison refuse de croire; et puis cette religion est si rigide, si austère...

— Détrompez-vous, ma tante, interrompit Solange, rien n'est si léger, rien n'est si doux à porter que le joug de la religion; si vous le connaissiez, je suis sûre que vous l'aimeriez. Quant aux mystères qu'elle enseigne et auxquels votre raison refuse de croire, sans doute ils sont incompréhensibles, et nous devons les adorer sans chercher à les approfondir. Mais pourquoi aurions-nous l'orgueil de vouloir les pénétrer? Nous croyons bien sans les comprendre une foule de mystères naturels qui enveloppent, pour ainsi dire, notre existence, et cette existence elle-même est un mystère que jamais l'esprit humain ne saura expliquer; pourquoi n'y aurait-il pas aussi des mystères sacrés proposés à notre foi? Vous me dites que c'est cette foi qui vous manque; mais si vous sentez qu'elle vous manque, si vous désirez la posséder, c'est déjà un grand pas de fait; demandez-la alors, demandons-la ensemble pour vous, avec instance, avec persévérance, ma bonne tante, et j'espère que Dieu vous l'accordera, car c'est un don de sa grâce.

— Que vous êtes un charmant prédicateur, ma nièce! s'écria en riant la baronne, et quel dommage que vous ne puissiez monter en chaire! vous convertiriez infailliblement tous ceux qui viendraient à vos sermons, et je vous garantis qu'ils seraient nombreux. »

Le bon mouvement qui s'était un instant manifesté chez Mme de Froissac avait déjà disparu pour faire place à sa légèreté habituelle. Solange s'en aperçut, et eut peine à contenir un léger mouvement de dépit. Elle garda le silence, puis la conversation changea d'objet.

L'hiver se passa assez tristement. La principale distraction était la réception des lettres qu'écrivaient assez régulièrement le comte à sa sœur et à sa fille, et Gaston à sa mère. La lecture de ces lettres et les commentaires qui les accompagnaient duraient au moins deux ou trois jours ; puis il fallait répondre : c'était encore l'affaire de plusieurs jours ; car à cette époque, où les postes n'étaient pas organisées avec la régularité qu'on leur a donnée plus tard, il fallait attendre longtemps pour envoyer ou recevoir des lettres.

Nous ne citerons de cette longue et volumineuse correspondance que quelques fragments.

Dans une lettre écrite à son frère, au commencement d'avril 1558, par Mme de Froissac, on remarquait le passage suivant :

« Notre chère Solange est toujours charmante, et je
« l'aime, je crois, chaque jour davantage. Je crois aussi
« que chaque jour elle embellit et devient plus aimable.
« Quand vous l'avez quittée, ce n'était encore, comme
« vous le disiez, qu'une grande enfant ; aujourd'hui
« c'est une femme, et vous seriez bien étonné du chan-
« gement qui s'est fait en elle depuis six mois à peine.
« Mon pauvre Gaston en perdrait la tête, s'il la voyait
« maintenant.

« Ne pensez-vous pas, mon frère, qu'il serait temps
« de conduire Solange à Paris ? Il va y avoir des fêtes
« magnifiques pour le mariage du Dauphin avec la
« jeune reine d'Écosse, Marie Stuart. Cette occasion
« ne vous semblerait-elle pas favorable pour produire

« votre fille à la cour, et peut-être la placer auprès de
« la Dauphine ?... J'en ai parlé à notre chère petite, à
« qui cette idée a paru sourire beaucoup, si toutefois,
« a-t-elle ajouté, elle pouvait aussi vous plaire. »

M. de Chateaubrun répondit que le moment n'était pas encore venu de songer à présenter sa fille : d'abord, parce qu'il ne pouvait se rendre à Paris, sa présence à l'armée étant indispensable; puis aucun de ses protecteurs ne s'y trouverait aussi; ses cousins, le connétable de Montmorency et l'amiral de Coligny, étaient prisonniers, et le frère de celui-ci, d'Andelot, venait de tomber en disgrâce pour avoir fait prêcher publiquement dans ses terres de Bretagne les opinions de Calvin, et il avait perdu sa charge de colonel général de l'infanterie. Du reste, Solange était encore assez jeune, et dans un an il serait assez tôt. D'ici là bien des choses pourraient se passer, etc. etc.

Mme de Froissac ne fut que médiocrement contente de la décision de son frère, car elle commençait à s'ennuyer du séjour de Chateaubrun, et c'était autant pour elle-même que pour sa nièce qu'elle eût désiré en sortir. Il fallut patienter encore; seulement, pour se procurer de nouvelles distractions, elle fit avec sa nièce des visites dans quelques châteaux du voisinage. Ces visites furent rendues, et ce fut une occasion pour la baronne de donner à sa nièce des leçons de maintien et de bonnes manières dans le monde. Solange, avec sa grâce naturelle, se serait passé des leçons de sa tante, ce qui n'empêchait pas celle-ci de s'attribuer le succès qu'obtenait sa nièce partout où elle la présentait.

La fréquentation du monde et les connaissances nouvelles que fit Solange ne changèrent rien à ses habitudes de piété. Sa tante trouvait qu'elle employait trop de temps à ses prières, et pas assez à sa toilette. Un jour qu'elle lui en faisait des reproches, Solange répondit :

« Je crois, ma tante, qu'il est plus important de soigner la parure de l'âme que celle du corps; car j'ai lu dans l'Écriture sainte ce passage, qui m'est toujours resté gravé dans la mémoire : *La grâce n'est que mensonge, la beauté n'est que vanité; la femme qui craint Dieu méritera seule des éloges* (1). »

La baronne, un peu contrariée, ne répondit rien.

Et cependant, nous devons l'avouer, Solange n'était pas ennemie de la toilette; mais elle n'y consacrait que le moins de temps possible, ce qui ne l'empêchait pas d'être toujours mise avec un goût exquis, quoique avec simplicité. C'était ce que sa tante ne pouvait concevoir, car elle passait plusieurs heures à se coiffer et à s'habiller, et sa nièce, qui y employait un quart d'heure, une demi-heure au plus, l'éclipsait cependant par la distinction et la grâce de sa toilette.

Après tout, se disait-elle en elle-même avec une espèce de résignation qui n'était pas exempte d'un peu de dépit, cela n'a rien d'étonnant : je suis vieille, et elle est jeune; j'ai besoin de parure pour m'embellir un peu, tandis qu'elle pare et embellit tout ce qu'elle porte.

La belle saison se passa ainsi en visites dans le voisinage, en promenades, quelquefois même en petites

---

(1) Fallax gratia, et vana pulchritudo; mulier timens Deum, ipsa laudabitur. (*Prov.*, xxv, 31.)

fêtes improvisées. La correspondance avec le comte et avec son neveu, quoique moins fréquente et moins régulière que pendant l'hiver, n'avait pas discontinué. Solange écrivait aussi de temps en temps à l'abbesse et à son amie Anne de Montbazon.

Elle avait encore une autre occupation qui employait une partie de son temps, c'était de visiter les pauvres de la paroisse, surtout les pauvres malades, les vieillards infirmes, de leur donner des vêtements, des aliments sains, des médicaments, et surtout des consolations, peut-être plus précieuses encore. Pendant l'hiver précédent, ces œuvres de charité avaient été sa principale occupation. Plus d'une fois elle avait veillé une partie des nuits avec sa femme de chambre pour coudre de petites robes d'étoffe solide et chaude pour les pauvres petits enfants qui grelottaient de froid.

Mme de Froissac avait accompagné quelquefois sa nièce dans ces visites aux pauvres malades; mais elle s'en était bien vite dégoûtée.

« Comment, lui disait-elle, une demoiselle délicate et bien élevée peut-elle entrer dans ces bouges infects, où l'on respire une odeur nauséabonde, qui soulève le cœur? Je conçois qu'on fasse la charité à un pauvre qui a besoin, ou même pour se débarrasser de son importunité, ou bien qu'on lui envoie son aumône par un domestique; mais aller soi-même le visiter, lui parler comme si c'était quelqu'un de notre condition, voilà ce que je ne comprends pas. A vous entendre, la religion prescrit ces choses-là; j'avais donc bien raison de vous dire que votre religion était trop rigide, surtout pour des femmes de notre rang, qui ne peuvent pas s'assujettir à des actes aussi répugnants.

— Ma tante, lui répondit Solange, vous confondez l'aumône avec la charité. La charité est une vertu, la première de toutes, car elle consiste dans l'amour de Dieu et du prochain, et Jésus-Christ nous a dit que la loi et les prophètes, c'est-à-dire toute la religion, étaient renfermés dans ce commandement, qui contient tous les autres : *Aime Dieu par-dessus toutes choses, et ton prochain comme toi-même.* Croyez-vous que, pour exercer cette vertu sublime, il suffise de faire l'aumône en passant à un pauvre, qui souvent, comme vous le dites, vous arrache ce don par son importunité? En vérité, ce serait par trop commode de remplir ainsi le plus grand des commandements ; et les riches pourraient, pour quelques pièces de monnaie données de temps en temps, se faire ouvrir sans peine la porte du ciel ; tandis que ceux qui ne possèdent rien, ou qui n'ont que le strict nécessaire, ne pourraient exercer la charité, parce qu'ils ne pourraient faire l'aumône.

— Enfin, objecta la baronne, est-ce que vous blâmez ceux qui font l'aumône?

— Jamais, ma tante, je n'ai eu cette pensée. Je dis seulement que l'aumône n'est qu'un des actes les plus faciles de la charité; mais que ce serait une grande erreur que de la regarder comme la charité tout entière : je dis enfin que tout le monde ne peut pas faire l'aumône, tandis que tout le monde, riche ou pauvre, noble ou roturier, peut et doit exercer la charité. Les œuvres de la charité sont multipliées à l'infini, et je ne saurais toutes les énumérer. Cette vertu ne consiste pas seulement à donner à manger à ceux qui ont faim, à donner à boire à ceux qui ont soif, à vêtir ceux qui sont nus; elle consiste aussi à consoler ceux qui sont dans l'affliction, à visiter les malades, les agonisants, les prisonniers; elle consiste non seulement à s'abstenir rigoureusement de toute médisance et de toute calomnie, mais à prendre la défense de ceux que la médisance et la calomnie attaquent, fussent-ils nos ennemis; en un mot, elle ne consiste pas seulement à ne pas faire à autrui ce que nous ne voudrions pas qu'on nous fît, car ce ne serait encore là souvent que de la charité passive, mais à faire à notre prochain tout ce que nous désirerions qui nous fût fait à nous-mêmes, si nous étions dans une position semblable à la sienne, c'est-à-dire à exercer une charité active.

— Vous avez beau prêcher, ma nièce, répondit la tante en souriant, vous ne m'attraperez plus à vous suivre dans ces taudis humides et malsains; je ne vous empêcherai pas d'y aller si cela vous convient, à moins qu'il n'y ait du danger pour votre santé, auquel cas je vous préviens que j'userai de l'autorité que m'a confiée votre père pour vous supprimer ces visites.

— Soyez tranquille à cet égard, ma tante; je sais que jusqu'à présent ma santé n'a pu être compromise, et si le médecin jugeait qu'il y ait le moindre danger dans ces visites, je serais la première à m'en abstenir. »

Il ne fut plus question de cela entre la tante et la nièce. La baronne continua à s'ennuyer longuement au coin de son feu; tandis que Solange passait rapidement son temps dans l'exercice de ces œuvres de charité, et qu'elle se faisait aimer de plus en plus des paysans du village, qui ne l'appelaient jamais que *la bonne demoiselle*, la digne fille de sa mère.

Mme de Froissac racontait tous ces détails à son frère, qui lui répétait dans ses lettres :

« Laissez-la faire ; ne la contrariez pas : seulement veillez à ce qu'elle n'expose pas sa santé. »

Elle lui parla aussi des nouvelles connaissances qu'elle avait fait faire à Solange, et des distractions qu'elle lui avait procurées dans les châteaux voisins. A cette occasion, répondant à un passage d'une lettre de son frère qui lui demandait si ces distractions n'avaient pas un peu ralenti la ferveur religieuse de sa fille, la baronne lui disait :

« Elle prend part gaiement, franchement, à tous les divertissements que je lui procure; mais elle ne s'y abandonne pas. Tout cela glisse sur son âme sans la pénétrer, et je ne me suis pas encore aperçue qu'elle ait négligé le moindre de ce qu'elle appelle ses devoirs religieux.

« Il y a plus : on dirait parfois qu'elle a entrepris de me convertir, et la petite rusée m'embarrasse souvent au point que je ne sais que lui répondre. Il est vrai que je ne suis qu'une ignorante en ces matières, et qu'elle est beaucoup plus instruite que moi. Ce qui me console, c'est qu'elle est capable d'en embarrasser de plus savantes que moi; et à ce propos il faut que je vous raconte ce qui s'est passé ces jours derniers, et qui m'a beaucoup divertie.

« Nous avons reçu la visite d'un savant docteur, ministre évangélique, nommé Didier, que j'ai connu à Nérac, où il prêchait en même temps que Calvin, dont il était un des plus fervents disciples. Il avait souvent entendu parler de vous, et il eût bien désiré voir *son frère* Chateaubrun (c'est ainsi qu'il vous appelle; ce qui, pour le dire en passant, m'a paru d'une outrecuidance rare de la part d'un tel personnage vis-à-vis d'un grand seigneur); mais, pour se dédommager, il voulut présenter ses hommages à sa fille. Je lui répondis qu'elle s'en trouverait très honorée (c'était un gros mensonge); mais je le prévins que, comme elle était catholique, il voulût bien s'abstenir de faire tomber la conversation sur la religion.

« Comment ! s'écria-t-il, la fille du frère Chateau-
« brun, l'un des premiers défenseurs de notre religion,
« serait catholique, et il le souffrirait ! »

« Alors je lui racontai sommairement les motifs qui nous avaient déterminés à laisser à Solange toute liberté au sujet de notre religion ; mais il ne les approuva point, et vous blâma fort de votre faiblesse ; puis d'un ton inspiré :

« C'est moi, s'écria-t-il, c'est moi que Dieu envoie
« pour faire rentrer cette brebis égarée dans le trou-
« peau d'Israël ! »

« En entendant ces paroles, j'hésitai à le conduire chez ma nièce ; mais, en y réfléchissant, je me décidai à le satisfaire, bien persuadée que Solange ne ferait que s'amuser des manières pédantesques de ce docte personnage.

« Sous prétexte d'aller la prévenir, je courus chez elle lui annoncer en deux mots la visite de ce singulier individu, et ses prétentions pour la faire rentrer dans Israël. Elle parut un peu contrariée, mais enfin elle se résigna à le recevoir.

« Je retournai chercher mon hôte, et je le présentai à ma nièce. Après les premiers échanges de politesse, il entama la conversation. Il parla au moins pendant une heure et demie. Je pense que c'était un de ses sermons qu'il nous répéta ; du reste, je ne pourrais pas en redire un seul mot. Il n'en fut pas de même de Solange, qui l'avait écouté d'un bout à l'autre fort attentivement, ce qui avait paru de bon augure à notre prédicateur, et avait redoublé son énergie. Quand il eut fini, il s'essuya le front comme un homme qui vient de faire un grand effort et qui s'attend à recevoir des éloges de son zèle. Puis il demanda à Solange d'un air modeste ce qu'elle pensait de ce qu'il venait de lui dire. Elle s'en défendit d'abord, prétendant qu'elle n'était pas assez instruite pour pouvoir répondre à un savant comme lui. Il insista ; enfin, poussée à bout, Solange se décida, et, reprenant une à une toutes ses propositions, elle y répondit à peu près en ces termes, que je n'ai point oubliés comme les paroles du docteur :

« Vous prétendez, dit-elle après un préambule où
« elle s'excusait encore de son ignorance, vous pré-
« tendez, messieurs les réformateurs, être suscités de
« Dieu pour réformer l'Église ; mais vous n'êtes en-
« voyés par aucun pasteur légitime ni par aucune
« Église chrétienne ; il faut donc que vous ayez une
« mission extraordinaire et miraculeuse ; il faut aussi
« commencer par la prouver, de la même manière que
« Moïse, Jésus-Christ et les apôtres ont prouvé la leur.
« Ce n'est pas tout : avant Calvin, dont vous venez
« de m'exposer la doctrine, Luther et d'autres se sont
« donnés pour des réformateurs ainsi que lui ; il ne
« s'accorde point avec eux, vous n'enseignez pas en
« toutes choses la même doctrine ; vous vous condam-

« nez les uns les autres. Auquel d'entre vous dois-je
« croire par préférence ?

« Vous me donnez l'Écriture sainte pour unique
« règle de ma foi ; vous me dites que je ne dois croire
« qu'à cette seule autorité, et ne point référer à celle
« des hommes. En même temps vous me présentez
« une traduction française de la Bible ; mais quel sera
« pour moi le garant de la fidélité de votre traduction,
« de laquelle je ne suis pas en état de juger par moi-
« même ? Vous sans doute ; mais si je ne dois point
« m'en rapporter à l'autorité des hommes, je dois
« également récuser la vôtre, qui n'est pas plus infail-
« lible.

« J'admets pour un instant l'exactitude de votre
« traduction, et je consens à la lire ; alors je n'ai nul-
« lement besoin de vos prédications ni de vos expli-
« cations. Car, puisque, selon vous, l'Écriture sainte
« doit être la seule règle de ma foi, pourquoi vouloir
« me l'expliquer ? Je sais aussi bien lire que vous, et
« c'est à moi d'y trouver ce que Dieu a révélé, et non
« à vous de me le montrer. Vous me dites, en effet,
« d'après votre maître, que chaque fidèle doit consulter
« l'Écriture sainte, et que Dieu lui en fait connaître
« la vérité et le vrai sens par une inspiration parti-
« culière du Saint-Esprit ; donc, encore une fois, je
« n'ai nullement besoin de vos explications, puisque le
« Saint-Esprit lui-même me les inspire. Voyons main-
« tenant à quoi vous expose votre prétention de vou-
« loir m'expliquer l'Écriture. Si cette explication dif-
« fère de celle que m'inspire le Saint-Esprit, je croi-
« rai nécessairement celle-ci plutôt que la vôtre ; et
« c'est précisément ce qui m'arrive en ce moment,

« et par où je termine la réponse que vous avez exigée
« de moi : or cette inspiration du Saint-Esprit me dicte
« que vous prêchez l'erreur, et que l'Église catholique
« seule enseigne la vérité. »

« En prononçant ces paroles, elle se leva avec dignité, et, faisant une profonde révérence, elle laissa notre homme tout ébahi, ne sachant ni que dire ni que faire. Enfin, après avoir répondu gauchement à son salut, il sortit sans rien dire, et, quand nous fûmes seuls, il s'écria d'un ton d'indignation mal contenue :

« Quelle perversité dans une enfant si jeune!... »

« Puis il prit congé de moi et se retira. Il était temps qu'il partît, car je n'aurais pu retenir l'envie de rire que me causait sa mine piteuse. »

CHAPITRE XIII

Les prisonniers de Gravelines. — Réunion à Paris. — Promesse
de Gaston à sa cousine. — Le carrousel.

Cependant la guerre avait repris avec une nouvelle vigueur. Deux armées françaises avaient été envoyées dans le Luxembourg et dans l'Artois. Le duc de Guise commandait la première, qui s'empara de Thionville. Le maréchal de Thermes, qui commandait la seconde, dans laquelle se trouvait M. de Chateaubrun et son neveu, prit Dunkerque, Bergues, Nieuport; mais attaqué à Gravelines par le comte d'Egmont, le maréchal fut complètement battu, grâce à l'intervention de la flotte anglaise, dont l'artillerie écrasa notre armée.

M. de Chateaubrun et Gaston assistèrent à cette terrible bataille. Dans la mêlée, le comte, qui se défendait vaillamment contre un gros de la cavalerie ennemie, allait succomber, quand Gaston, se précipitant comme la foudre, renverse tout ce qui lui fait obstacle, tue le cavalier dont l'épée allait frapper son oncle, et parvient à le dégager ; mais en même temps il reçoit lui-même une blessure qui le renverse de son cheval. Le comte s'empresse de soutenir son neveu, et fait tous ses efforts pour le tirer de la mêlée ; mais d'autres ennemis accourent, et les font prisonniers tous deux. Le comte partagea le sort du maréchal de Thermes, qui resta aussi prisonnier avec ses principaux capitaines.

En rendant compte de cet événement à sa sœur, M. de Chateaubrun exaltait en termes chaleureux la belle conduite de Gaston, qui lui avait sauvé la vie au péril de la sienne.

« Lisez, disait-il en terminant, lisez cette lettre à ma fille ; si j'ai quelque part dans son affection, si elle aime son père, comme elle me l'a dit tant de fois de vive voix, comme elle me l'a si souvent répété dans ses lettres, elle ne se montrera pas ingrate envers celui qui lui a conservé ce père, et elle m'aidera à lui témoigner ma reconnaissance. Gaston est trop noble, trop désintéressé, pour mettre un prix à sa belle action ; mais je sais une récompense qui comblerait ses vœux et les miens : il dépend de ma fille de la lui accorder. Le moment est venu de lui faire connaître un projet que nous regardions depuis longtemps comme une affaire de convenance, mais qui est maintenant devenu pour moi un devoir sacré, auquel, je l'espère, ma fille ne me fera pas manquer. Instruisez-la, ma sœur, de ce projet, et faites-moi connaître le plus tôt possible sa détermination. »

Il terminait en annonçant qu'ils étaient tous deux

prisonniers en Flandre; que la blessure de Gaston était en bonne voie de guérison, enfin que les négociations pour la paix étaient entamées, ce qui leur faisait espérer un prompt retour en France.

« O mon Dieu, s'écria Solange après avoir lu cette lettre, je vous rends grâces de m'avoir conservé la vie de mon père!... Mais que veut-il dire, ma tante, en me recommandant si chaleureusement de ne pas me montrer ingrate envers Gaston? Croit-il donc qu'il soit nécessaire d'employer son autorité pour m'imposer la reconnaissance que mérite une si belle action?... Depuis longtemps j'aime Gaston comme mon frère, je l'aimerai désormais plus encore... oui, presque autant que mon père, et s'il fallait, pour lui témoigner ma reconnaissance, sacrifier ma fortune ou ma vie, je serais prête à le faire.

— On ne vous demande pas tant, ma nièce, répondit Mme de Froissac; ce que désire votre père, ce que désire encore plus vivement mon fils, c'est que vous consentiez à accepter pour votre époux celui pour qui vous vous dites prête à sacrifier votre fortune et votre vie. C'est là la récompense dont veut parler votre père, et qui comblerait ses vœux et ceux de Gaston; c'est là le projet qu'il avait rêvé depuis bien des années, et qui devait lui donner à lui un fils, à moi une fille, et à vous une mère et un époux tendrement dévoués. Eh bien, mon enfant, que dites-vous de ce projet? »

Pendant que sa tante parlait, le visage de Solange s'était empourpré d'un vif incarnat. La tête et les yeux baissés, elle répondit, ou plutôt elle balbutia ces mots:

« Je n'avais jamais eu cette pensée... Je regardais

Gaston comme un frère..., et l'on n'épouse pas son frère.

— Sans doute; mais comme il n'est, en effet, que votre cousin, on épouse très bien son cousin, avec les dispenses nécessaires de l'Église, quand les parents non seulement y consentent, mais encore le désirent. Vous voyez par sa lettre combien votre père tient à l'accomplissement de ce projet : cependant il ne parle pas au nom de l'autorité; il ne commande pas, il vous prie de ne pas le faire manquer à ce qu'il regarde maintenant comme un devoir sacré. Que dois-je lui répondre?

— Mon Dieu, ma tante, laissez-moi un instant réfléchir... Une affaire aussi grave ne peut pas se décider avec cette rapidité.

— Pourquoi donc?... Auriez-vous quelque répugnance pour mon fils? Avez-vous remarqué en lui des défauts essentiels? Dans ce cas je concevrais votre indécision...

— Mais non, ma tante, je n'ai aucune répugnance pour Gaston; je n'ai trouvé en lui que des qualités aimables; ce n'est pas à cause de lui que j'hésite, mais c'est l'idée du mariage...

— Bah! vous vous y accoutumerez, interrompit la tante, qui ne comprenait pas l'embarras de Solange, et qui voulait à toute force lui arracher un consentement. Votre père, continua-t-elle, a fait sur cette union toutes les réflexions possibles; en vous demandant votre consentement, il vous donne la preuve d'une rare condescendance, et je m'étonne que vous ne vous empressiez pas d'y répondre.

— En vérité, ma tante, vous vous plaisez à me tourmenter; vous connaissez tous mes sentiments pour mon père, je viens de vous révéler ceux que j'éprouve pour Gaston, et vous vous étonnez que je ne m'empresse pas de donner mon adhésion à un projet qui vient de m'être révélé pour la première fois ! Ces sentiments doivent suffisamment vous garantir que je ne suis pas opposée à ce projet; mais, dans une question de cette importance, il me semble qu'une adhésion formelle a plus de prix quand elle a été mûrement pesée que quand elle est, en quelque sorte, enlevée par surprise. »

Il fallut bien que Mme de Froissac se contentât de ce demi-consentement; d'ailleurs, comme elle n'écrivait pas immédiatement à son frère, elle attendit que Solange lui fît une réponse plus catégorique.

Cependant la révélation de sa tante avait bouleversé l'âme de Solange. Ainsi qu'elle l'avait dit à Mme de Froissac, elle n'éprouvait aucune répugnance pour son cousin; son cœur n'aurait pu choisir un époux plus loyal, plus brave, plus accompli; elle n'eût pas hésité un instant à faire l'aveu que sollicitait sa tante avec une sorte d'importunité, si à côté des brillantes qualités de Gaston ne s'était placée cette triste idée qu'il était hérétique. Quand elle fut seule, elle eut recours, selon son habitude, à la prière, seul moyen de calmer son anxiété. Elle passa une partie de la nuit dans l'oratoire de sa mère, pleurant au souvenir de celle qui avait tant souffert pour avoir été unie à un époux étranger à sa religion, priant Dieu avec ferveur de vouloir bien l'éclairer, et de lui inspirer ce qu'elle devait faire en pareille circonstance.

Enfin, le matin, elle alla trouver sa tante et elle lui

révéla franchement ses peines et le motif qui avait paru la faire hésiter la veille à donner son consentement.

« Je m'en doutais, dit la tante; mais, puisque Gaston vous convient sous tous les autres rapports, je ne vois pas pourquoi ce motif pourrait vous arrêter; car il vous laissera aussi libre dans votre religion que nous vous y avons laissée, votre père et moi, depuis votre sortie du couvent. Que pourriez-vous donc désirer de plus ?

— Mais ce n'est pas pour moi que je désire qu'il soit catholique, c'est pour lui-même; c'est pour son bonheur éternel.

— Eh bien, mon enfant, quand vous serez mariée, vous tâcherez de le convertir, et vous êtes assez adroite pour y réussir... En attendant, voyons, que faut-il que je réponde à votre père? »

Quoique Mme de Froissac eût jeté en avant cette idée de conversion avec sa légèreté ordinaire, et presque en plaisantant, elle répondait trop bien à la pensée intime de Solange pour ne pas la frapper ; car, pendant la nuit, au milieu de ses méditations et de ses peines, cette pensée avait continuellement préoccupé son esprit. Mais elle ne jugea pas à propos de la relever, et elle se contenta de dire à sa tante :

« Vous pouvez écrire à mon père que je ne mets aucun obstacle à la réalisation de ses projets, et que, s'il croit que ma main puisse être pour Gaston une faible récompense de ce qu'il a fait pour nous, je suis prête à la lui donner.

— Bien, mon enfant; bien, ma fille; car maintenant tu es ma fille et je suis ta mère, » dit la baronne en embrassant joyeusement sa nièce.

Mme de Froissac s'empressa de faire part à son frère de la réponse de Solange et de toutes les circonstances que nous venons de rapporter.

Les négociations pour la paix durèrent beaucoup plus longtemps qu'on ne s'y était attendu. Commencées à Sereaux le 17 octobre 1558, elles furent reprises à Cateau-Cambrésis au mois de février 1559 ; enfin la paix fut signée le 3 avril suivant.

Ce ne fut qu'à cette époque que les prisonniers furent mis en liberté. M. de Chateaubrun et son neveu partirent aussitôt pour Paris, où devaient se rendre en même temps Mme de Froissac et Solange, afin de se trouver aux fêtes qui devaient avoir lieu pour célébrer la paix et le double mariage de deux filles de France avec deux princes souverains (1).

La baronne de Froissac semblait rajeunie de vingt ans. Jamais elle ne s'était sentie si heureuse. Elle allait voir bientôt marier son fils avec l'héritière de Chateaubrun ; elle allait enfin reparaître à la cour après tant d'années d'absence, et assister à ces fêtes brillantes qui lui rappelleraient sa jeunesse et les plus beaux jours du règne de François Ier. Pendant tout le voyage de Chateaubrun à Paris, elle ne cessa d'entretenir sa nièce de bals, de soirées, de tournois, de spectacles de toute espèce qui les attendaient pendant leur séjour dans la capitale. Solange, qui d'abord ne songeait qu'au bonheur de revoir son père, et beaucoup aussi, nous devons l'avouer, au plaisir de revoir son cousin, écoutait peu

---

(1) Élisabeth de France, fille de Henri II, épousait Philippe II, roi d'Espagne ; et Marguerite de France, sœur de Henri II, épousait Philibert-Emmanuel, duc de Savoie.

les propos de sa tante; cependant, à force de les lui entendre répéter, de lui dire qu'elle brillerait dans ces fêtes, elle finit par éveiller en elle ce désir de plaire et cette curiosité, qui malheureusement est toujours plus ou moins l'apanage des filles d'Ève. Mais, par bonheur pour elle, l'illusion ne devait pas être de longue durée.

En arrivant à Paris, elles trouvèrent le comte et Gaston, qui les attendaient avec impatience. Nous laissons au lecteur à juger du bonheur de cette réunion. Solange embrassa son père avec plus de tendresse qu'elle ne l'avait jamais fait, en pensant aux dangers qu'il avait courus; et quand Gaston s'avança à son tour pour l'embrasser, Solange lui dit en lui présentant sa joue :

« Merci, mon cousin, de ce que vous avez fait pour mon père; je ne l'oublierai jamais. »

Le comte trouva que sa sœur, loin d'exagérer, était restée au-dessous de la vérité en disant que Solange était embellie depuis qu'il ne l'avait vue, et Gaston ne pouvait croire à son bonheur en pensant qu'il épouserait bientôt une personne si accomplie.

Après les premiers moments donnés à la joie de se revoir, on s'occupa de choses sérieuses. Le comte prit sa sœur à part pour lui donner quelques détails intéressants. Il lui dit que le connétable de Montmorency, leur cousin, avait annoncé à la reine Catherine de Médicis que sa cousine la baronne de Froissac, née de Chateaubrun, désirait lui rendre ses hommages et lui présenter sa nièce, Solange de Chateaubrun, qui était fiancée à son fils, le baron de Froissac. La reine avait gracieusement répondu qu'elle recevrait ces dames avec plaisir, et avait fixé le jour de la réception au jeudi de la semaine suivante. M. de Chateaubrun ajouta qu'il avait l'espoir que le roi signerait au contrat de mariage de sa fille, mais que cela ne pourrait avoir lieu qu'après les fêtes qui se préparaient.

Tandis que le frère et la sœur s'entretenaient ensemble, Gaston s'approcha de Solange et lui dit à voix basse :

« Ma cousine, vous m'avez remercié tout à l'heure de ce que j'ai fait pour votre père ; mais ce serait au contraire à moi de vous remercier du prix inestimable dont vous voulez bien payer cette action. Cependant, si je ne devais mon bonheur qu'à votre condescendance aux désirs de mon oncle, comme une preuve de la reconnaissance que vous et lui prétendez me devoir, mon cœur ne serait pas satisfait ; aussi je ne dois pas abuser de votre générosité, et je vous déclare que si vous trouviez en moi quelque chose qui vous déplût, ou je m'efforcerais de me corriger, si cela était possible, ou, sinon, je vous rendrais votre parole.

— Je ne vous comprends pas, mon cousin, dit Solange d'un air étonné.

— Eh bien, je vais me faire comprendre et vous parler franchement. Mon oncle me faisait lire toutes les lettres que vous et ma mère lui écriviez. C'est assez vous dire que j'ai su l'hésitation que vous avez manifestée quand ma mère vous a demandé votre consentement aux projets de mon oncle, et le motif de cette hésitation. Ce motif, c'est la religion que je professe ; c'est là, avez-vous dit à ma mère, la seule chose qui vous déplaise en moi. Est-ce vrai ?

— J'ai dit à ma tante que je désirerais de tout mon cœur que vous fussiez catholique ; mais je n'ai pas mis pour condition au consentement que j'ai donné votre changement de religion.

— Je le sais, et je vous en remercie, car cette réserve me trace mon devoir. Je vous ai dit que s'il y avait en moi quelque chose qui vous déplût, je tâcherais de le faire disparaître. Je sais qu'on ne change pas de religion comme on change de vêtement, et vous n'auriez pour moi nulle estime si je vous disais : Ma cousine, ma religion ne vous convient pas? qu'à cela ne tienne : je vais me faire catholique, puisque vous le préférez, ou musulman, si vous l'aimez mieux. Un tel langage vous révolterait, et vous inspirerait pour celui qui le tiendrait un juste mépris. Je vais vous parler autrement, ma cousine, et cela dans toute la sincérité de mon âme. Jusqu'ici j'ai été protestant parce qu'on m'a élevé dans cette religion, et qu'on m'a dit qu'elle était la meilleure; je ne me suis jamais occupé d'étudier sérieusement cette religion, pas plus que le catholicisme; cependant je n'en aurais pas voulu changer par motif d'intérêt personnel ou d'ambition, pas même, ma chère cousine, quand il se serait agi d'obtenir votre main à cette seule condition. Ainsi je ne viens pas vous dire aujourd'hui : Ma religion vous déplaît, je vais la changer, ou, je vous promets de la changer plus tard; mais je vous dis : Je vais étudier sérieusement la religion catholique, je vais la comparer à la religion protestante; je vous promets de n'apporter à cet examen aucun préjugé, et si j'en sors convaincu que la religion catholique est préférable à la religion protestante, ou, en d'autres termes, qu'elle est la vérité, et l'autre l'erreur, alors je ferai franchement abjuration de celle-ci, et j'embrasserai avec joie la première.

— Ce que vous me dites là, mon cousin, me comble de joie; c'est tout ce que je me proposais de vous demander un jour; et maintenant, ce que je vous demande avec instance, c'est d'exécuter le plus tôt possible une si salutaire résolution.

— Je pensais, ma cousine, que vous m'aideriez dans cette étude; car j'ai remarqué dans vos lettres que vous êtes fort instruite dans votre religion. J'ai lu surtout avec beaucoup d'attention la lettre de ma mère où elle rendait compte de votre entretien avec un ministre protestant. Je vous avoue que votre réponse à ce docteur m'a donné beaucoup à penser, et a commencé à faire naître des doutes dans mon esprit sur la vérité de la religion protestante. Ces doutes n'ont fait qu'augmenter, quand j'ai entendu votre père lui-même dire, après avoir lu cette lettre : « Mais où cette petite tête est-elle allée pêcher ces arguments? Je crois bien que le docteur Didier a dû être embarrassé; on l'eût été à moins. » Et comme je lui demandais ce qu'il y répondrait lui-même, il m'a dit très sérieusement : « Ma foi, je n'en sais trop rien. » Vous voyez donc bien, ma cousine, que vous pourriez mieux que personne m'instruire dans votre religion, et je vous promets que vous trouveriez en moi un écolier soumis et docile.

— Je ne suis pas assez instruite pour entreprendre une tâche de cette importance. Je connais ma religion assez pour moi-même, pas assez pour l'enseigner aux autres. Adressez-vous, mon cousin, à un de ces hommes à qui Jésus-Christ lui-même a dit : *Allez et enseignez.* Ce sont eux qui sont spécialement chargés de cet enseignement, et qui ont reçu, par une succession non interrompue depuis les apôtres jusqu'à nous, le pouvoir de remettre les péchés et de réunir au troupeau du bon Pasteur les brebis égarées. Profitez de votre séjour à Paris pour trouver un de ces hommes capables de vous éclairer, et abandonnez-vous à ses lumières. Tout ce que je pourrai faire, et je vous le promets, ce sera de vous aider de mes conseils quand vous le jugerez nécessaire, quelquefois de vous donner des éclaircissements sur des points qui vous paraîtront obscurs, et toujours de prier Dieu avec ferveur pour le succès de votre entreprise.

— Ma cousine, je suivrai vos conseils ; je vous le promets, foi de gentilhomme, dit Gaston en lui tendant la main.

— Je vous crois, répondit Solange en mettant sa main dans la sienne ; vous pouvez être assuré qu'à compter de ce moment, il n'y a plus de doute dans mon esprit, et que je regarde nos fiançailles comme bénies de la main de Dieu. »

M. de Chateaubrun et sa sœur, qui avaient fini de causer depuis quelques instants, regardaient en silence leurs enfants engagés dans une conversation qui paraissait les préoccuper uniquement. Quand ils les virent se donner cordialement la main, le comte s'avança vers eux en souriant.

« Bien, mes enfants, très bien ! leur dit-il en prenant leurs deux mains, qui ne s'étaient pas encore séparées ; je suis heureux de voir cet accord entre vous : puisse-t-il être un présage heureux de votre union future ! »

Puis il leur fit part des nouvelles dont il venait d'entretenir sa sœur.

Trois semaines après la scène que nous venons de raconter, Solange écrivait à l'abbesse de Beaumont la lettre dont nous extrayons les passages suivants.

Elle commençait par raconter son voyage de Paris, son entrevue avec son père et son cousin, la promesse que lui avait faite celui-ci, et qui l'avait rendue si heureuse ; puis elle continuait ainsi :

« J'ai été présentée à la cour, ainsi que je vous l'ai
« annoncé. Tout cet appareil m'a d'abord tellement
« éblouie, que je ne voyais, pour ainsi dire, rien de ce
« qui se passait autour de moi. Sans le secours de ma
« tante, j'aurais été d'une gaucherie tout à fait ridi-
« cule. Ce qui me déconcerta surtout, ce fut l'aspect
« sérieux, glacé de la reine Catherine de Médicis ; mais
« la jeune et belle reine d'Écosse, Marie Stuart, me fit
« un accueil gracieux, qui me rendit un peu de cou-
« rage ; sa belle-sœur, la reine d'Espagne, et les autres
« princesses se montrèrent aussi indulgentes pour moi ;
« toutefois, malgré ces encouragements, je me sentis
« mal à l'aise, et je fus très contente quand la récep-
« tion fut terminée et que nous nous retirâmes.

« Nous avions reçu une invitation pour toutes les fêtes
« de la cour. Je n'en manquai aucune, et je vous avoue
« que je commençai à me plaire beaucoup à ces réu-
« nions brillantes, et à m'enivrer des flatteries dont
« j'étais l'objet de la part d'une foule de seigneurs et
« de dames du plus haut rang. La dernière de ces fêtes
« surpassa en magnificence toutes les autres. C'était un
« tournoi ou carrousel, qui avait lieu dans la rue Saint-
« Antoine, tout auprès du palais des Tournelles, rési-
« dence de la cour. J'étais placée dans une loge voisine
« de celle des princesses, et d'où je pouvais jouir par-
« faitement du coup d'œil de la fête. Jamais mon imagi-
« nation n'aurait pu rêver un spectacle plus merveil-
« leux. Sur des estrades qui entouraient le champ clos

« étaient rangés une foule immense de spectateurs
« avides de contempler les jeux guerriers qui allaient
« se célébrer. Toutes les femmes étaient parées des plus
« riches toilettes, et les princesses étaient étincelantes
« de pierreries. Tout à coup les fanfares des trompettes
« annoncent l'arrivée de quatre chevaliers *tenants*.
« C'était le roi, le duc de Guise, le prince de Ferrare et
« le duc de Nemours. Tous quatre entrèrent précédés
« des hérauts d'armes, et après avoir fait le tour de
« l'enceinte et avoir salué la reine et les princesses,
« ils se placèrent à l'une des extrémités du cirque, et
« les trompettes donnèrent le signal de la joute. Aussi-
« tôt quatre chevaliers assaillants se présentèrent, et le
« combat commença. Quoique ce ne fût qu'un combat
« simulé, je fus saisie d'un certain effroi en voyant ces
« huit guerriers, la lance en arrêt, courir les uns contre
« les autres et s'attaquer à outrance. L'œil était ébloui
« par les éclats que jetaient leurs cuirasses étincelantes,
« et l'on avait peine à suivre leurs mouvements. Enfin
« les quatre assaillants furent désarçonnés et se reti-
« rèrent de la lice. Quatre autres les remplacèrent, et
« le même combat se renouvela plusieurs fois. Je com-
« mençais à me fatiguer de la répétition de ces scènes
« toujours effrayantes, quand, parmi quatre nouveaux
« assaillants, je reconnus mon cousin Gaston. Je ne
« pouvais apercevoir sa figure, entièrement cachée par
« la visière de son casque abaissé; mais je le reconnus
« facilement à son armure, à son panache bleu de ciel
« et au nœud de même couleur qui attachait son épée.
« C'étaient mes couleurs, qu'il m'avait demandé la per-
« mission de porter. Mon cœur battit violemment quand
« je le vis courir sur un des champions de la lice.

« Son adversaire était le prince de Ferrare ; après plu-
« sieurs passes brillantes, dans lesquelles l'un et l'autre
« firent preuve d'une adresse remarquable, la lance du
« prince se brisa contre la cuirasse de Gaston. Le com-
« bat cessa aussitôt, et le prince tendit gracieusement
« sa main à son adversaire, en s'avouant vaincu. Ce fut
« pour moi un instant de triomphe indicible, et je sen-
« tis des larmes de joie couler de mes yeux.

« Les jeux durèrent encore quelque temps, mais ils
« ne m'offraient plus d'intérêt. Enfin les courses avaient
« cessé, et les spectateurs se préparaient à se retirer,
« s'applaudissant de ce que la lice n'avait point été en-
« sanglantée par les accidents trop ordinaires à ces
« sortes de combats, lorsque le roi commanda à Mont-
« gomery, son capitaine des gardes, de courir une der-
« nière joute contre lui en l'honneur des dames. En
« vain les reines firent-elles supplier le roi de s'en
« abstenir ; il ne voulut rien écouter, et réitéra l'ordre
« à Montgomery de se mettre en défense. Le capitaine
« obéit, et les deux adversaires s'élancèrent l'un contre
« l'autre avec la rapidité de la foudre. Le choc fut ter-
« rible, et au même instant je vis le roi chanceler et
« tomber de son cheval. Un bruit formé de mille cris
« s'éleva aussitôt de cette foule, et retentit au fond de
« mon cœur comme un glas funèbre. On ne connut pas
« immédiatement tous les détails de ce funeste accident ;
« mais bientôt nous apprîmes qu'au moment du choc,
« la lance de Montgomery s'était brisée et avait blessé
« dangereusement le roi au-dessus de l'œil gauche. On
« l'emporta sans connaissance au palais des Tournelles,
« et nous quittâmes cette scène de désolation, ma tante
« et moi, accablées de douleur.

« Au moment où je vous écris ces lignes, on m'an-
« nonce que le roi vient de succomber aux suites de sa
« blessure.

« Ainsi voilà, ma chère tante, à quoi ont abouti ces
« fêtes si brillantes : la douleur, le deuil et la mort !
« Oh ! que de réflexions m'a fait faire ce malheureux
« événement ! Le contraste de cette cour naguère si
« resplendissante de bonheur, d'espérance et de joie,
« maintenant plongée dans les larmes et dans la crainte
« d'un avenir qui s'annonce menaçant, m'en a plus
« appris sur les vanités du siècle que le meilleur ser-
« mon n'aurait pu le faire.

« Mon père est tellement préoccupé des événements
« qui se préparent, qu'il passe des journées entières
« hors de la maison, à l'affût de toutes les nouvelles qui
« circulent et se contredisent. A peine le voyons-nous
« un instant dans la journée, et son front soucieux ne
« se déride pas un instant.

« Ma tante est désolée d'avoir vu si promptement
« s'évanouir le brillant échafaudage de ses rêves à la
« cour. Elle pense toutefois qu'il pourra se reconstruire,
« et elle cherche à m'insinuer son espoir, en me rap-
« pelant l'accueil gracieux de Marie Stuart, mainte-
« nant devenue reine de France. Je la laisse dire, pour
« ne pas la contrarier ; mais j'ai été tellement frappée
« de ce coup de foudre, que je le regarde, pour mon
« compte personnel, comme un avertissement du Ciel
« pour me faire comprendre combien les grandeurs de
« ce monde sont petites et humbles, combien sa force
« est faiblesse, et combien ses joies les plus splendides
« sont vaines et trompeuses. Je remercie Dieu de m'a-
« voir si promptement ouvert les yeux, et je lui de-

« mande humblement pardon des mouvements de va-
« nité auxquels j'ai été un instant entraînée.

« Gaston seul ne perd pas la tête au milieu de ce
« tohu-bohu général. Il persiste avec fermeté dans la
« résolution qu'il a prise. Il a fait la connaissance du
« curé de Saint-Méry, docteur en Sorbonne d'un grand
« mérite; il a déjà eu plusieurs conférences avec lui, et
« il en paraît fort content. Je ne le suis pas moins que
« lui, et je prie Dieu de tout mon cœur qu'il achève
« de l'éclairer. Unissez, ma bonne tante, vos prières
« aux miennes, j'aurai plus de confiance dans le suc-
« cès. »

CHAPITRE XIV

La conjuration d'Amboise. — Mort de Gaston. — Solange religieuse. — Le pèlerin de Rome.

La mort tragique de Henri II, la jeunesse et l'incapacité de son successeur François II, éveillèrent les prétentions de tous les ambitieux qui aspiraient à se saisir du pouvoir. Les protestants crurent le moment arrivé de réaliser le projet que le comte de Chateaubrun avait révélé à sa sœur dans la lettre que nous avons rapportée au chapitre III de cet ouvrage. Ils s'empressèrent d'envoyer un courrier à Antoine de Bourbon, roi de Navarre, qui se trouvait en Béarn, pour le rappeler à Paris, où sa qualité de premier prince du sang le placerait à la tête des conseils du roi. Dans ces conseils et dans ces ministères entreraient nécessairement le prince de Condé, frère du roi de Navarre, le duc de Montpensier et le prince de la Roche-sur-Yon, ses cousins germains; enfin les trois frères de Chatillon, Coligny, d'Andelot et le cardinal Odet de Chatillon. Tous ces princes et seigneurs étaient dévoués à la nouvelle religion, et les chefs reconnus du parti protestant. Nul doute que, si ce plan eût réussi, la France ne se fût trouvée exposée à perdre son antique foi, pour adopter, comme l'Angleterre, la Hollande, le Danemark et une partie de l'Allemagne, la nouvelle religion de Luther ou de Calvin; mais Dieu veillait sur le royaume de saint Louis, et il ne permit pas qu'il subît cet affront.

Tandis que les protestants s'agitaient pour s'emparer du pouvoir, et que le roi de Navarre, attendu avec tant d'impatience, paraissait peu pressé et s'avançait à petites journées, le duc de Guise et son frère le cardinal de Lorraine, oncles de la jeune reine Marie Stuart, s'entendirent avec la reine Catherine de Médicis, et se saisirent de l'autorité au nom de François II. La masse du clergé, des parlements et de la nation, qui était sincèrement catholique, et qui avait en horreur le parti huguenot, se déclara ouvertement pour les Guises.

Les protestants, déconcertés, résolurent de recourir à la violence pour écarter les Guises du pouvoir et s'emparer de la personne du jeune roi. Ils s'unirent à une foule de mécontents et d'ambitieux qui, sans appartenir à la religion prétendue réformée, n'en détestaient pas moins les princes de Lorraine, et ne reculaient devant aucun moyen pour leur arracher le pouvoir. Un complot fut organisé. Le prince de Condé en était l'âme et le chef secret; un gentilhomme de Périgord nommé la Renaudie en était le chef apparent. La faiblesse et l'indécision du roi de Navarre l'en avaient fait écarter.

Le duc de Guise, informé du complot, avait pris toutes les précautions nécessaires pour le déjouer. Il avait fait transférer la cour de Blois à Amboise, dont le château lui paraissait plus fort et plus facile à défendre avec un petit nombre de troupes.

Le comte de Chateaubrun avait pris une part active à toutes ces intrigues. Lié depuis longtemps avec la Renaudie, il le seconda avec une activité merveilleuse, et il fut reconnu comme un des principaux chefs du complot. Tout occupé de cette grande affaire, il ne paraissait plus songer au mariage de sa fille, et quand sa sœur lui en parlait, il répondait que cela ne pourrait se faire qu'après le succès de leur entreprise. Forcé de s'absenter souvent de Paris et de voyager en province pour gagner des partisans à la conjuration, il jugea prudent de ne pas laisser sa sœur et sa fille dans cette ville, et il les renvoya l'une et l'autre à Chateaubrun, où, disait-il, il ne tarderait pas à se rendre avec Gaston.

Celui-ci, entraîné par l'ascendant que son oncle exerçait sur lui, était aussi entré dans le complot. Ce n'était pas pour le triomphe de la religion protestante; car, depuis ses conférences avec le curé de Saint-Méry et ses conversations avec sa cousine, il sentait chaque jour son zèle se refroidir pour cette religion; mais il en voulait aux Guises, qu'on lui avait représentés comme des usurpateurs, des étrangers, des tyrans, qu'il fallait à tout prix écarter du trône.

Mme de Froissac et Solange étaient donc retournées tristement à Chateaubrun en même temps que la cour se rendait à Blois. Elles attendaient avec une vive inquiétude des nouvelles du comte et de Gaston, lorsqu'un jour elles les virent arriver avec une compagnie d'une cinquantaine de gentilshommes armés. Le comte annonça à sa sœur et à sa fille que cette troupe ne ferait qu'une halte de quelques heures au château, et qu'ils partiraient à la tombée de la nuit pour gagner la forêt d'Amboise, où d'autres troupes les attendaient.

Solange éprouva un vif serrement de cœur quand elle entendit son père parler de ce départ précipité. Elle voulut lui faire quelques observations, mais il lui ferma la bouche en lui disant :

« Tais-toi, enfant; tu n'entends rien à la politique. »

Puis il alla tenir compagnie à ses hôtes, et veiller à ce qu'on leur donnât des rafraîchissements.

Gaston, qui était resté avec eux jusqu'à ce moment, s'échappa un instant pour venir présenter ses hommages à sa mère et à sa cousine.

« Mais où allez-vous donc, dit Solange d'un air alarmé, mon père et vous? Est-ce que vous allez faire la guerre dans ce pays-ci?

— Ma cousine, répondit Gaston d'un air grave, nous allons délivrer la France des tyrans qui l'oppriment.

— Ah! mon cousin, je crains bien que cette entreprise ne tourne mal... Je ne suis pas superstitieuse, vous le savez, mais je suis tourmentée par un pressentiment funeste...

— Pourquoi vouloir refroidir l'ardeur de votre cousin? interrompit Mme de Froissac; je connais la noble tâche qu'ils ont entreprise, et, en braves chevaliers qu'ils sont tous, ils la mèneront à bonne fin. Autrefois, quand un chevalier partait pour quelque expédition, sa fiancée l'encourageait mieux que vous ne le faites à se montrer digne d'elle et de lui. Eh bien, moi qui suis sa mère, et qui devrais m'effrayer plus que vous, je lui dis : « Va, mon fils, où l'honneur t'appelle et où « la gloire t'attend. »

Mme de Froissac, nous devons le dire, ne montrait tant d'héroïsme que parce que son frère, en qui elle avait la confiance la plus aveugle, l'avait assurée d'un succès facile, certain, et déjà elle entrevoyait tous les honneurs qui allaient rejaillir sur sa famille.

Solange ne répondit rien à ce reproche de sa tante; elle baissa tristement la tête pour ne pas laisser voir ses yeux humides de larmes. Gaston, qui s'aperçut de la tristesse de Solange, lui prit la main, et la baisa en lui disant :

« Ne vous alarmez pas, ma bonne cousine ; demain vous aurez de nos nouvelles, et j'espère qu'elles seront bonnes. Jusque-là au revoir. »

Et il s'éloigna après avoir embrassé sa mère ; mais, malgré sa contenance assurée, son cœur n'était pas moins triste que celui de Solange.

Au moment du départ, le comte vint aussi embrasser sa fille. En la voyant tout en larmes :

« Qu'as-tu donc, mon enfant? lui dit-il. Toi, la fille et la fiancée d'un guerrier, tu t'effrayes parce que tu nous vois armés ! La cuirasse et le casque sont notre plus belle parure, la lance et l'épée sont nos jouets... Va, enfant, demain tu riras de ta frayeur d'aujourd'hui. »

Il l'embrassa une dernière fois, et, sans attendre sa réponse, il alla rejoindre sa troupe.

Solange suivit quelque temps des yeux son père et

son fiancé, jusqu'à ce que l'obscurité de la nuit, qui commençait, les eût dérobés à sa vue. Elle se retira ensuite dans son oratoire, où elle se mit en prière.

M??? de Froissac ne paraissait nullement inquiète. Toute la journée du lendemain, elle ne parla à Solange que de la brillante position où elles allaient se trouver quand leurs cousins les Chatillons seraient à la tête des affaires, et que le comte de Chateaubrun serait peut-être lui-même ministre, ou tout au moins gouverneur de quelque province.

Solange l'écoutait sans lui répondre; elle ne se sentait pas la force de la contredire, quoiqu'elle fût loin de partager ses espérances. A chaque instant elle allait sur le haut de la muraille d'où l'on pouvait apercevoir le chemin qui suit la direction d'Amboise, dans l'espoir de voir arriver quelque messager de ce côté. Mais la journée et la nuit suivante se passèrent sans nouvelles.

Le jour suivant, M??? de Froissac commença à partager l'inquiétude de sa nièce. Bientôt de sinistres rumeurs circulèrent. Les domestiques du château racontaient que l'on se battait du côté d'Amboise; que le château de Noizay était assiégé : on entendait même le canon dans cette direction. Les uns disaient que le château d'Amboise avait été pris; d'autres, que l'armée huguenote avait été taillée en pièces, et que pas un n'avait échappé. Toute la journée se passa au milieu de ces bruits contradictoires.

La nuit suivante, la tante et la nièce ne se couchèrent pas, attendant à chaque instant le retour de plusieurs hommes de confiance qu'elles avaient envoyés dans diverses directions pour prendre des informations sûres de ce qui s'était passé. Vers minuit, l'un d'entre eux annonça son retour au moyen d'un signal convenu. On se hâta de lui ouvrir les portes et de l'introduire auprès des dames. Il raconta qu'il avait rencontré deux hommes qui en portaient un troisième, grièvement blessé, et qui ne pouvait parler; qu'ils lui avaient demandé s'ils ne pourraient pas recevoir pour une nuit l'hospitalité au château. Là-dessus, le messager était venu rendre compte de cette demande à ces dames, pensant que peut-être ces hommes, qui paraissaient des gens de guerre, pourraient leur donner quelques nouvelles.

L'ordre fut aussitôt donné de faire entrer les étrangers au château; mais à peine eurent-ils franchi le pont-levis, que les domestiques qui les introduisaient reconnurent dans le blessé le jeune baron de Froissac. « C'est M. Gaston!... s'écrièrent-ils, c'est M. Gaston! »

A ce cri, Mme de Froissac et Solange se précipitèrent au-devant des nouveaux venus. La baronne, éperdue, folle, se jette sur son fils, qu'elle couvre de ses baisers. Solange, le cœur brisé, mais plus maîtresse d'elle-même, donne l'ordre aux domestiques de porter le blessé sur son lit.

« Mon Dieu! s'écria Mme de Froissac, mon fils est mort!

— Non, Madame, dit un des hommes qui l'avaient apporté; il n'est qu'évanoui. Faites-moi donner du linge, de l'eau tiède et du vin; je vais panser sa blessure, et je vous préviendrai quand vous pourrez venir le voir.

— Vous êtes donc chirurgien? dit Mme de Froissac.

— Oui, Madame, et même un peu médecin. »

Sur cette assurance, les dames laissèrent le blessé entre les mains de cet homme, qui suivit Solange dans la chambre où les domestiques le portèrent.

Pendant ce temps-là, la baronne interrogea le compagnon du chirurgien, et lui demanda avec empressement des nouvelles.

« Nous étions, dit-il, mon camarade et moi, au nombre des cavaliers qui ont fait halte avant-hier dans ce château, et depuis ce moment nous n'avons pas quitté un instant M. Gaston de Froissac.

— Et mon père? demanda Solange avec inquiétude.

— M. le comte de Chateaubrun s'est séparé de nous après notre rencontre avec les troupes royales; il nous avait donné rendez-vous ici, où nous nous attendions à le rencontrer. Puisqu'il n'a pas encore paru, c'est qu'il aura été forcé de prendre une autre direction; car nous étions vivement poursuivis, et l'on ne nous faisait point de quartier.

— O mon Dieu! s'écria Solange; et s'il avait été tué!

— Je ne le crois pas, parce qu'il avait beaucoup d'avance sur ceux qui le poursuivaient, et qu'il connaissait tous les détours de la forêt, où il avait souvent chassé. »

Alors il raconta les principaux événements de cette échauffourée appelée *conjuration d'Amboise*, et dont les détails sont connus de tout le monde. On sait que les protestants, au lieu d'agir avec ensemble, marchèrent contre le château d'Amboise par petites troupes isolées, qui partout rencontrèrent des détachements de l'armée royale, qui les attaquèrent et les mirent en déroute. Tous ceux qui étaient pris les armes à la main, s'ils étaient gentilshommes, étaient conduits à Amboise, où ils furent jugés, condamnés et exécutés. Les simples soldats étaient pendus aux arbres, ou jetés dans la Loire. Un très petit nombre avaient pu s'échapper. Le chef de la conjuration, la Renaudie, fut tué dans la forêt de Châteaurenault.

La troupe que commandait Chateaubrun avait été attaquée à quelques lieues d'Amboise par un détachement trois fois plus nombreux qu'elle. On s'était battu en désespérés. Le comte, voyant son neveu blessé, avait chargé deux de ses cavaliers de le ramener à Chateaubrun, pendant que lui, à la tête de ce qui restait d'hommes valides de sa troupe, ferait une diversion pour détourner les ennemis de la prise de Gaston, et lui permettre d'assurer sa fuite par les détours de la forêt, si bien connus de lui.

Ces détails étaient peu rassurants; mais, avant qu'on eût eu le temps de faire des commentaires ou d'autres questions au cavalier, un domestique vint annoncer que M. Gaston avait repris connaissance et demandait à voir sa mère et sa cousine.

Elles se hâtèrent d'accourir dans la chambre du malade. Gaston était seul; l'homme qui l'avait pansé s'était retiré par discrétion, ou peut-être parce qu'il ne voulait pas être le premier à annoncer une mauvaise nouvelle. Le blessé était d'une pâleur extrême, et d'une faiblesse qui lui permettait à peine de parler. Quand sa mère et sa cousine se furent approchées, il les regarda quelque temps avec des yeux où se peignait une vive satisfaction; puis il laissa tomber de ses lèvres décolorées ces paroles articulées avec peine :

« Je dois de grands remerciements au bon Dieu, car je n'espérais plus vous revoir ni l'une ni l'autre. Je n'ai pas le temps de m'entretenir longtemps avec vous, mes moments sont comptés, il faut que je les mette à profit. »

A ces mots, comme sa mère éclata en sanglots :

« Calmez-vous, ma mère, je vous en prie, pour que vous entendiez ce qui me reste à vous dire, à vous et à Solange. »

Après une pause, pendant laquelle Mme de Froissac contint un peu sa douleur, le malade reprit :

« Ma cousine, tous mes doutes sont maintenant évanouis; je meurs catholique... Au moment où je me suis senti blessé à mort, j'ai demandé à Dieu de m'accorder la grâce de vivre encore assez pour pouvoir vous annoncer cette nouvelle et recevoir l'absolution d'un prêtre catholique. La première partie de ma demande est exaucée; faites en sorte, ma cousine, que la seconde le soit aussi. Envoyez sur-le-champ chercher le curé de cette paroisse, et faites-lui dire qu'il se hâte, car il s'agit d'administrer un mourant... »

Pendant que Solange s'empressait de satisfaire à un désir qui la remplissait en même temps de joie et de douleur, Gaston dit à sa mère :

« Ma pauvre mère, je vais bientôt vous quitter...; mais, avant de nous séparer, voulez-vous me promettre de faire ce que je vais vous dire? ce sera un moyen d'adoucir ce redoutable moment.

— Mon enfant, mon fils, je ferai tout ce que tu voudras, dit en sanglotant Mme de Froissac.

— Eh bien, ma mère, promettez-moi de faire ce que vous allez me voir faire à moi-même, c'est-à-dire de renoncer aux erreurs du calvinisme, et de rentrer dans le sein de la seule et véritable Église.

— O mon fils! je te le promets : je n'ai pas tant d'attachement pour cette religion, qui est cause de tous nos malheurs.

— Bien, ma mère; maintenant je mourrai tranquille. »

Pendant cette conversation, Solange était rentrée. En la voyant, le malade dit à sa mère :

« Voilà celle qui désormais me remplacera auprès de vous, et qui vous aidera à exécuter la promesse que vous venez de me faire. Maintenant, laissez-moi un instant me recueillir en attendant l'arrivée du ministre du Seigneur. »

Solange se mit à genoux, et pria avec ferveur. La baronne s'assit dans un fauteuil, où elle était en proie à une douleur d'autant plus violente, qu'elle faisait tous ses efforts pour en contenir les transports.

Le curé arriva. Solange emmena sa tante dans son appartement, et chercha à lui rendre un peu de calme. Une heure après, le curé se présenta devant ces dames, et leur dit :

« J'ai une bonne et une triste nouvelle à vous apprendre : vous avez un saint qui prie pour vous dans le ciel; vous, Madame, vous n'avez plus de fils sur la terre, et vous, Solange, vous n'y avez plus de fiancé! »

CONCLUSION

Quinze jours après la mort de Gaston, deux femmes en habits de deuil se présentaient à l'abbaye royale de Beaumont-lez-Tours, et demandaient à parler à madame l'abbesse. On a deviné que c'étaient Mme de Froissac et Solange.

« Je vous attendais, mon enfant, dit l'abbesse à cette dernière. Je vous avais dit de vous adresser à moi quand vous auriez besoin de consolations; j'ai appris vos malheurs, et je me suis préparée à vous recevoir, ainsi que madame votre tante. Vous habiterez ensemble l'appartement qu'occupait votre mère, et il faut espérer que vous trouverez dans cette solitude un peu de cette paix que le monde n'a pu vous offrir. »

Quelques mois après, Solange entra comme novice à l'abbaye, et au bout de son temps d'épreuve elle prit le voile sous le nom de mère Sainte-Anastasie.

Mme de Froissac, qui s'était sincèrement convertie à la religion catholique, continua d'habiter la maison de Beaumont comme pensionnaire libre jusqu'en 1562, époque où elle mourut.

On ignora longtemps ce qu'était devenu le comte de Chateaubrun depuis sa fatale expédition d'Amboise. Sa fille le pleura comme mort, et, ce qui redoublait son chagrin, comme mort dans l'hérésie. Cependant on n'avait trouvé son corps ni parmi ceux qui avaient succombé dans le combat, ni parmi ceux qui avaient péri plus tard, égorgés ou pendus par ceux qui les poursuivaient. Il n'avait pas non plus été fait prisonnier; et la preuve que le gouvernement lui-même ignorait ce qu'il était devenu, c'est qu'il fut condamné par contumace et exécuté en effigie comme traître envers son roi. Il fut déclaré déchu et dégradé de ses titres et honneurs, ses biens furent confisqués, et son château fut rasé à hauteur d'infamie.

Un jour on vint annoncer à Mme de Mirebeau qu'un vieillard ayant l'extérieur presque d'un mendiant avait été trouvé évanoui sur un tombeau dans le cimetière de la paroisse de Beaumont, et que, revenu à lui après avoir été secouru par quelques personnes charitables, il avait demandé à voir madame l'abbesse. Elle le fit entrer dans son parloir.

« Vous ne me reconnaissez pas? dit l'étranger; cela n'est pas étonnant.

— Vos traits, il est vrai, me semblent inconnus, mais votre voix me rappelle... O mon Dieu! seriez-vous...

— Le comte François de Chateaubrun, aujourd'hui proscrit et dépouillé de ses titres, et privé de tous ses biens, dit avec un sourire amer l'étranger, achevant la phrase de l'abbesse.

— Mais vous pourriez recouvrer vos propriétés ; n'y a-t-il pas un édit qui annule toutes les mesures prises contre vos coreligionnaires, et qui leur permet même d'exercer publiquement leur culte (1)?

— Eh! que me font mes titres et mes biens, maintenant que je n'ai plus personne à qui les transmettre! Que me fait la liberté du culte protestant, maintenant que j'ai renoncé à jamais à cette religion, qui m'a si longtemps bercé de ses fausses illusions!

— Qu'entends-je? vous seriez catholique! Permettez que je fasse venir votre fille, pour qu'elle apprenne de votre bouche une si heureuse nouvelle.

— Non, Madame, je vous en prie, n'appelez pas ma fille. Je ne suis pas venu ici pour la voir ; je suis venu prier sur le tombeau de ma femme, pour obtenir, par son intercession, la guérison de mon âme. Mais je ne suis pas encore guéri ; j'ai de rudes pénitences à faire auparavant, et l'une de ces pénitences que je me suis imposées, c'est la privation de voir aujourd'hui mon enfant. Seulement vous lui direz que vous avez appris de source certaine que son père est vivant, et qu'il est sur le point de rentrer dans le giron de l'Église. Quand je pourrai lui dire : Je suis tout à fait réconcilié avec l'Église, ma foi est la même que la tienne, que celle de ta mère, alors je me croirai digne de me présenter devant elle. Dans ce moment je vais en pèlerinage à Rome ;

---

(1) Édit du mois de janvier 1562.

je veux demander l'absolution de mes fautes au père commun des fidèles. Si je l'obtiens, comme je l'espère, je reviendrai ici, et alors je serai heureux de revoir ma chère Solange. »

A ces mots il se leva et partit.

Il accomplit son pèlerinage, et reçut l'absolution du pape ; mais il mourut en revenant en France, et avant d'avoir pu revoir sa fille. Celle-ci eut la consolation d'apprendre que son père avait abjuré et était mort dans la religion catholique.

Ainsi s'étaient accomplis les vœux les plus ardents de la mère et de la fille.

FIN

TABLE

Chap. I. — Le manoir et la famille de Chateaubrun. . . . 5
— II. — François de Chateaubrun. 16
— III. — Lettre du comte François de Chateaubrun à sa sœur Marguerite, baronne de Froissac. 29
— IV. — L'abbesse de Beaumont-lez-Tours. 44
— V. — L'entrée au couvent. 59
— VI. — Les premiers succès et la première récompense. — Entretiens de Mme de Chateaubrun et de l'abbesse. 73
— VII. — Suite de l'entretien de Mme de Chateaubrun et de l'abbesse. 91
— VIII. — Première communion de Solange. — Mort de Mme de Chateaubrun. 105
— IX. — M. de Chateaubrun annonce son retour. . . . 124
— X. — Anne de Montbazon. — Les conseils de l'amie, et les conseils de l'abbesse. — Arrivée de M. de Chateaubrun. — Son entretien avec madame l'abbesse. 143
— XI. — Les adieux au couvent. — La visite au cimetière. — Mme de Froissac et son fils. — Départ pour Chateaubrun. 164
— XII. — Séjour à Chateaubrun. — Départ de M. de Chateaubrun et de Gaston. — Occupation de Solange à Chateaubrun. — La correspondance. — Les visites. — La toilette. — Les bonnes œuvres. — Opinion de Mme de Froissac sur ce sujet. — Réponse de Solange. — Le ministre protestant. . 187
— XIII. — Les prisonniers de Gravelines. — Réunion à Paris. — Promesse de Gaston à sa cousine. — Le carrousel. 206
— XIV. — La conjuration d'Amboise. — Mort de Gaston. — Solange religieuse. — Le pèlerin de Rome. 223
Conclusion. 234

9985. — Tours, impr. Mame.

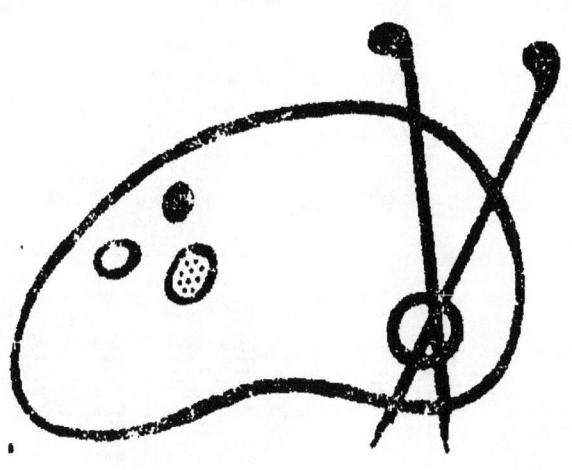

Original en couleur
NF Z 43-120-9

RAPPORT 19

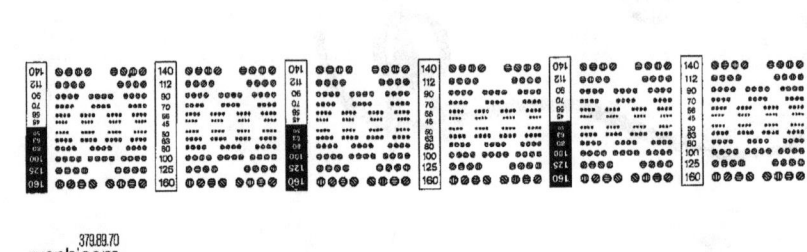

BIBLIOTHÈQUE NATIONALE

CHÂTEAU
de
SABLÉ

1984

www.ingramcontent.com/pod-product-compliance
Lightning Source LLC
Chambersburg PA
CBHW060128170426
43198CB00010B/1085